Inhalt

Vorwort

Kaffee ist nicht nur ein beliebtes und weit verbreitetes Genuss-mittel – er ist auch ein Stück Kultur. Früher trank man Kaffee vor allem in Kaffeehäusern: Hier traf man sich, tauschte Neuig-keiten aus, diskutierte die Weltpolitik oder genoss einfach nur eine gute Tasse des aromatischen Getränks. Später eroberte der Kaffee auch die heimischen Küchen und Wohnzimmer. Vorzugsweise zusammen mit süßen Leckereien wurde er beim Kaffeeklatsch oder bei Familienfeiern kredenzt.

Heute ist Kaffee so angesagt wie nie zuvor und allgegenwärtig. Ob ein Coffee-to-go auf dem Weg zur Arbeit, ein Latte Macchiato am Nachmittag oder der schnelle Espresso zum Wachwerden am Morgen: Kaffee ist beliebt bei Jung und Alt und aus dem Alltag nicht mehr wegzudenken.

Die kleinen schwarzen Bohnen sind aber nicht nur im Hinblick auf ihren Geschmack interessant. Deshalb haben wir in diesem Buch jede Menge spannendes und nützliches Wissen für alle Liebhaber dieses belebendes Getränks zusammengetragen: von Herkunft und Geschichte über Sorten und Anbaugebiete bis hin zu Zubereitungsarten und gesundheitlichen Aspekten. Und natürlich finden Sie daneben auch zahlreiche Rezepte für den perfekten Kaffeegenuss! Für experimentierfreudige Kaffee-freunde gibt es außerdem kreative Gerichte mit Kaffee.

Ich wünsche Ihnen viel Freude auf Ihrer Entdeckungsreise durch die anregende Welt des Kaffees!

Ihre

ELISABETH BANGERT

Kaffee-Wissen

Nach seiner Entdeckung begann im 17. Jahrhundert
von Arabien aus der Siegeszug des Kaffees nach Europa.
Heute ist Kaffee immer noch voll im Trend und wird
auch von der jüngeren Generation gerne genossen.
Erfahren Sie hier Interessantes über die Geschichte des
Kaffees, besondere Zubereitungsmethoden und
Wissenswertes über seine Wirkung auf die Gesundheit.

Die Geschichte der
schwarzen Bohne

Um die Entdeckung der belebenden Wirkung der Kaffeebohne ranken sich einige Legenden. Tatsächlich bekannt ist dagegen, wie das Getränk seinen Siegeszug von Afrika aus über den Orient in die westliche Welt angetreten und bis heute fortgesetzt hat.

Wie wurde der Kaffee entdeckt?

Eine islamische Legende besagt, dass Allah selbst das aromatische Getränk zu den Menschen gebracht hat: Der Erzengel Gabriel soll damit Mohammed von seiner schweren Schlafsucht befreit haben. Schon nach wenigen Schlucken dieses Getränks soll Mohammed mehrere Dutzend Männer besiegt und sich danach noch die ganze Nacht hindurch im Harem vergnügt haben.

Etwas weniger spektakulär, dafür jedoch glaubwürdiger ist die Geschichte von den Ziegenhirten in einer Provinz in Ost-Afrika: Eines Nachts konnten zwei Ziegenhirten nicht schlafen, weil die Ziegen, statt zu ruhen, munter weitermeckerten. Die Mönche eines benachbarten Klosters halfen ihnen, die Ursache zu finden, und entdeckten die Sträucher mit den roten und grünen Früchten, von denen die Tiere fraßen. Mönche sollen es also gewesen sein, die diese Beeren zunächst trockneten, zu Pulver mahlten und mit heißem Wasser belebenden „Kaffee" gewannen.

Eine weitere Sage rankt sich um einen jungen Derwisch namens Omar. Verleumdet und unschuldig verurteilt wurde er mit seinen Gefährten in eine abgelegene Steinwüste verbannt. Halb verhungert und am Ende seiner Kräfte probierte er von den Früchten eines ihm unbekannten Strauches. Wie durch ein Wunder genesen kehrte er in die Stadt zurück und brachte Kunde von der magischen Frucht. Alle wollten von dieser Frucht kosten und Omar wurde mit Ehren überhäuft.

Woher stammt nun unser „Kaffee"?

Die Heimat des Kaffeestrauches ist das alte Königreich „Kaffa" in Äthiopien. Um 800 entdeckten die Bewohner dieser Region, dass die belebende Wirkung der Beeren eines Strauches auf dessen Kerne

CROSSING THE DESERT.

IM 14. JAHRHUNDERT DIENTEN KAMELE ALS TRANSPORTMITTEL FÜR KAFFEE.

zurückzuführen ist. Sie zerstampften die Kerne und vermischten sie mit Tierfett, um auf ihren Kriegszügen von deren anregender Wirkung zu profitieren.

Unsere heutige Bezeichnung „Kaffee" leitet sich jedoch nicht vom Namen dieser Provinz ab, sondern vom arabischen „Qahwa", was so viel wie „Wein, anregendes Getränk" bedeutet. Da Wein im Islam verboten ist, wurde später der Kaffee zum „Wein des Islams".

Um 1000 soll der berühmte persische Arzt Ibn-Sina diese Früchte bereits als Heilmittel anerkannt haben. Mit der Kultivierung des Kaffeestrauches wurde im Gebiet des heutigen Jemen erstmals im 11. Jahrhundert begonnen, nachdem die Bohnen durch Sklavenhändler von Afrika nach Arabien gelangt waren. Zunächst wurden jedoch nur die grünen Bohnen gestampft und zu einem Brei verarbeitet.

Erst Ende des 14. Jahrhunderts wurde der Kaffee zum ersten Mal auf Steinplatten geröstet. Durch diesen Vorgang enstand der typische aromatische Geschmack des Kaffees. Über die Hafenstadt Mokka (daher der Name für unseren starken Kaffee) wurden die Bohnen in benachbarte Regionen geschickt.

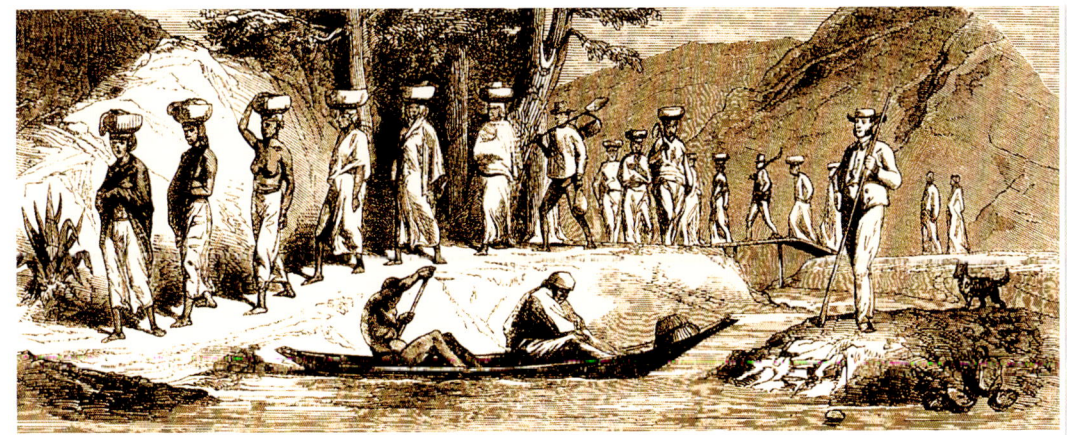

Zunächst wurde das schwarze Getränk während der Gebetsstunden in den Moscheen getrunken. Im 15. Jahrhundert eröffnete die erste Kaffeebar für die Pilger in Mekka.

Die Araber machten den Kaffeeanbau zum Staatsgeheimnis und hielten diese Monopolstellung in der Kaffeeproduktion bis in das 17. Jahrhundert.

Wann kam der Kaffee nach Europa?

Doch auch die Türken übernahmen diesen Brauch. Das erste Kaffeehaus in Kontinentaleuropa eröffnete 1554 in Konstantinopel, dem heutigen Istanbul, trotz Widerstand des islamischen Klerus – denn Kaffee wurde als „Droge" angesehen.

Mitte des 17. Jahrhunderts begann der Siegeszug durch Mitteleuropa: Vor allem die entstehende Kaffeehauskultur der Künstler, Literaten, Diplomaten, Staatsmänner und Philosophen trug dazu bei. 1645 verfügte Venedig auf dem Markusplatz über das erste Kaffeehaus in Mitteleuropa. Oxford und London folgten 1650 bzw. 1652.

In Frankreich entstanden um 1659 die ersten Kaffeebars in Marseille. Paris folgte 1672. Das erste typische Pariser Café war jedoch das Café Procope, das um 1689 von dem Sizilianer Francesco Procopio dei Coltelli eröffnet wurde.

Nach Deutschland gelangte der Kaffee schon sehr früh über Frankreich und er wurde erstmals 1673 in Bremen ausgeschenkt. Hier entstand dann 1697 das Bremer Kaffeehaus im Haus Schütting, dem damaligen Sitz der Bremer Kaufmannschaft. 1675 kannte man

Kaffee bereits am Hofe des Großen Kurfürsten in Berlin, hier wurde 1721 das erste Kaffeehaus errichtet. In Hamburg entstand 1679 ein Kaffeehaus, Regensburg folgte 1686 und Leipzig 1694.

Das erste Wiener Kaffeehaus eröffnete 1683, nachdem im Kampf gegen die Türken 500 Sack Kaffee erbeutet worden waren. Nun fiel auch das Monopol der Araber, denn ab dem 17. Jahrhundert wurden keimfähige Bohnen von reisenden Händlern aus Arabien geschmuggelt, nach Venedig gebracht und in holländischen Kolonien wie Java verbreitet kultiviert. Das sicherte Holland eine Vormachtstellung im Handel.

Schon bald trug die Arbeit der „Oostindischen Compagnie" der Niederländer Früchte: Die geernteten Kaffeebohnen landeten 1711 mit der ersten Kaffeeladung in Amsterdam.

Wie wurde der Kaffee damals genossen?

Der Siegeszug hielt an: 1780 wurden nach Europa 65 000 Tonnen Kaffeebohnen importiert, 1850 hatte sich diese Menge bereits vervierfacht. Die Zubereitung war traditionell: Die gerösteten Bohnen wurden zu Pulver verarbeitet, mit kochend heißem Wasser in Kännchen überbrüht und aus kleinen Tassen genossen.

Da der Kaffee ursprünglich sehr teuer war, konnten sich nur gut situierte Bürger und Aristokraten das aromatische Getränk leisten. Daher versuchte die Bevölkerung Alternativen zu finden und experimentierte mit billigen Ersatzgrundstoffen, wie gebrannter Gerste, Malz, Eicheln oder Rüben.

Anbaugebiete und Sorten

Der ursprünglich aus dem Hochland von Äthiopien und dem angrenzenden Boma-Plateau im Sudan stammende Kaffeestrauch fühlt sich rund um die Welt wohl. Überall dort, wo ein ausgeglichenes Klima ohne Temperaturextreme wie Hitze oder Frost, Höhenlage, dennoch Sonne und vor allem aber Wasser verfügbar sind.

Kaffee ist daher seit mehr als einem Jahrhundert für zahlreiche sogenannte Entwicklungsländer ein wertvolles Exportgut und heute der zweitwichtigste Rohstoff im Welthandel – gleich nach dem Erdöl.

Welche Sorten gibt es?

Die botanische Gattung Coffea gehört zur Pflanzenfamilie der Rubiazeen (Rötegewächse). Rund 500 Gattungen mit über 6000 Arten sind bekannt.

Dennoch wird aus nur vier Arten Kaffee gewonnen, wobei 99 % der Kaffeeproduktion auf die beiden bekannten Arten Arabica und Robusta entfallen. Liberica und Excelsa sind von geringer Bedeutung.

Zu etwa 60 % findet sich Arabica-Kaffee in den Tassen der Kaffeegenießer. Er enthält zwar nur etwa halb so viel Koffein wie Robusta, bietet aber das feinere Aroma. Robusta-Pflanzen zeichnen sich durch eine höhere Widerstandsfähigkeit aus. Höhenlagen verstärken das Aroma deutlich, da die Pflanzen langsamer wachsen. Das vermindert auch die Säure. In Kolumbien wachsen etwa 90 % der Kaffeesträucher in einer Höhe von über 1000 Metern und die Bohnen kommen als besonders feine „Hochlandkaffees" in den Handel.

Woher kommt unser Kaffee?

Die beiden bedeutendsten Kaffeeanbauländer sind heute Brasilien und Vietnam. Kolumbien ist auf Rang drei zurückgefallen. Zusammen machen die Ernten dieser drei Länder zwischen 50 und 60 % des jährlich weltweit erzeugten Kaffees aus. Allein Brasiliens Anteil liegt durchschnittlich bei fast 30 %.

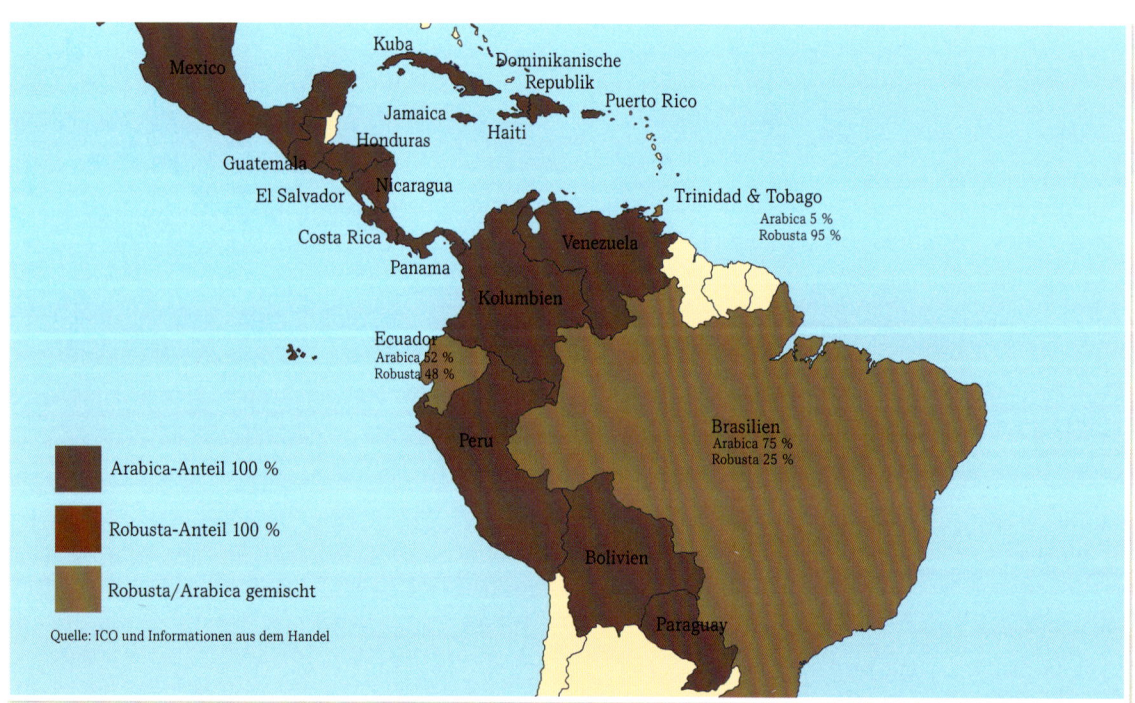

DIE WICHTIGSTEN PRODUKTIONSLÄNDER: 1. MITTEL- UND SÜDAMERIKA

WARUM GILT KAFFEE ALS DAS ZWEITE „SCHWARZE GOLD"?

Mit einem jährlichen Handelsvolumen von fast 20 Milliarden US-Dollar ist Kaffee der zweitwichtigste Rohstoff gleich hinter Erdöl.

Die Mengen sind beeindruckend: Weltweit werden nahezu 15 Milliarden Kaffeepflanzen auf 10 Millionen Hektar Anbaufläche abgeerntet. Der durchschnittliche Ertrag pro Hektar liegt bei etwas mehr als 550 kg Rohkaffee. Aus den Früchten einer Pflanze lässt sich pro Erntejahr etwa ein knappes Pfund Röstkaffee gewinnen.

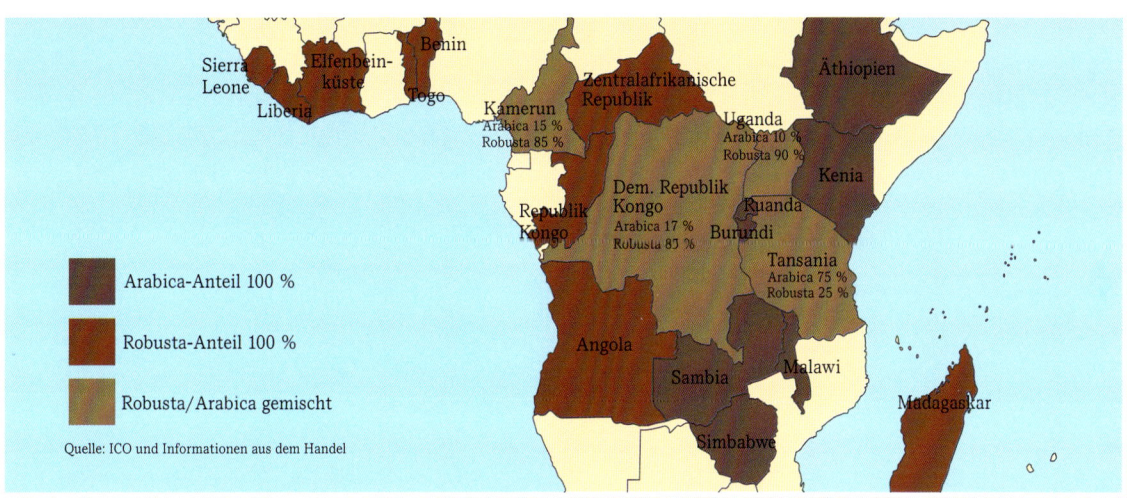

DIE WICHTIGSTEN PRODUKTIONSLÄNDER: 2. AFRIKA

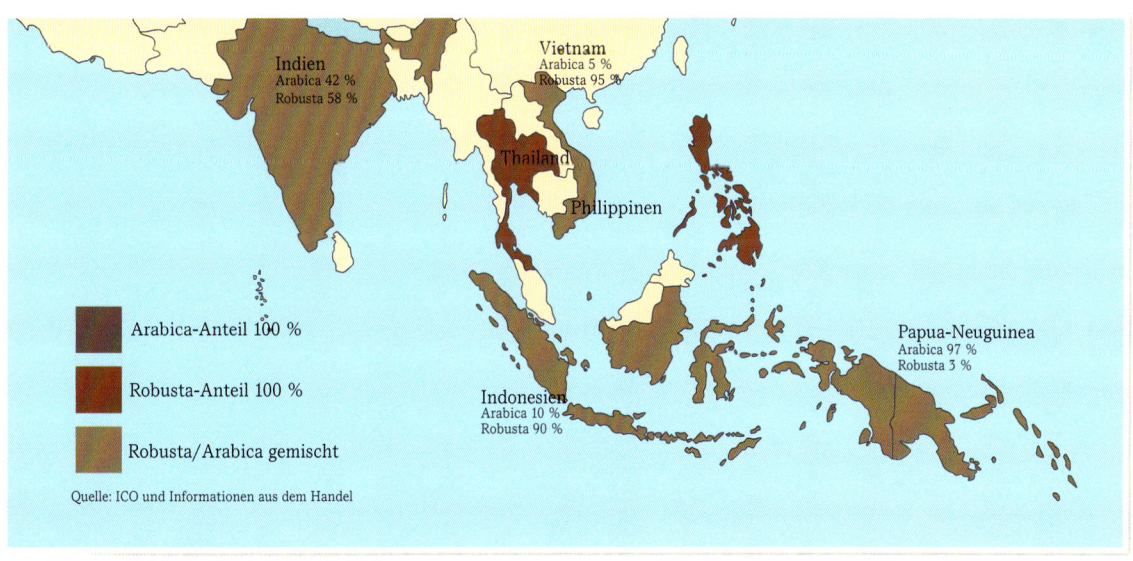

DIE WICHTIGSTEN PRODUKTIONSLÄNDER: 3. ASIEN UND OZEANIEN

Kaffee-Erzeugung: von der Kirsche zum *„Schwarzen Gold"*

Mit den reifen, roten „Kaffeekirschen", den Früchten des Kaffeebaumes oder auch -strauches, beginnt die Kaffeeproduktion. Darin stecken je zwei Kerne – die Kaffeebohnen. Wie wird nun aus diesen Kirschkernen das köstliche Getränk? Nach Anbau, mühevoller Aufzucht und Ernte beginnt die Arbeit richtig: Zahlreiche Schritte und Stufen der Veredelung sind nötig, bis der Kaffee in unseren Tassen dampft und duftet.

Wie wachsen die Kaffeebohnen?

Die Kaffeebäume werden auf Plantagen in subtropischen Ländern gezogen, häufig durch Bananenbäume vor der prallen Sonne geschützt und künstlich bewässert und gedüngt. Nach drei bis fünf Jahren bringen die Bäume ihre optimale Ernte und können dann zehn bis zwanzig weitere Jahre abgeerntet werden. Die Bäume würden eigentlich mehrere Meter hoch wachsen, doch um besser ernten zu können, werden sie auf 1,5–2 Meter begrenzt. Kaffeebäume blühen und tragen gleichzeitig Früchte. Diese sind zuerst grün und werden dann rot, sobald sie reif sind.

Die Frucht des Kaffeebaums braucht sehr lange, bis sie reif ist. Beim Arabica vergehen nach der Befruchtung der Blüte sechs bis acht Monate. Robusta-Kirschen reifen in neun bis elf Monaten.

Spätestens bei der Ernte gibt es die ersten großen Qualitätsunterschiede: Sorgfältiges „Picking", also Pflücken von Hand, holt nur wirklich reife Kirschen mit perfektem Aroma vom Baum. Viel günstiger ist das „Stripping". Hier werden, sobald ein Großteil der Kirschen reif ist, alle maschinell vom Baum geholt und grüne erst später aussortiert.

Was ist „Rohkaffee"?

Gleich nach der Ernte müssen die Früchte rasch weiterverarbeitet werden: Zunächst wird das Fruchtfleisch entfernt. Dies geschieht mittels Maschinen, Fermentierung und viel Wasser. Danach werden die Bohnen bis zu drei Wochen meist in der Sonne getrocknet. Nach der Entfernung der letzten Silberhäutchen sind die Kaffeebohnen je nach Sorte silbergrau, beige oder grün und sehen ein bisschen wie geschälte Erdnüsse aus.

Nur die Besten kommen weiter: Da ein paar verdorbene Bohnen mehrere Kilogramm Kaffee unbrauchbar machen können, wird nun jede Bohne noch einmal kontrolliert und nach Größe, Dichte und Farbe sortiert. Das geschieht von Hand oder mit Sortiermaschinen. Liegt der Kaffee in den verschiedenen Qualitätsabstufungen vor, wird er als „Rohkaffee" in Säcken zu 60 kg abgefüllt und per Schiff in alle Welt verschickt.

KAFFEEPLANTAGE

Aufbau der *Kaffeekirsche*

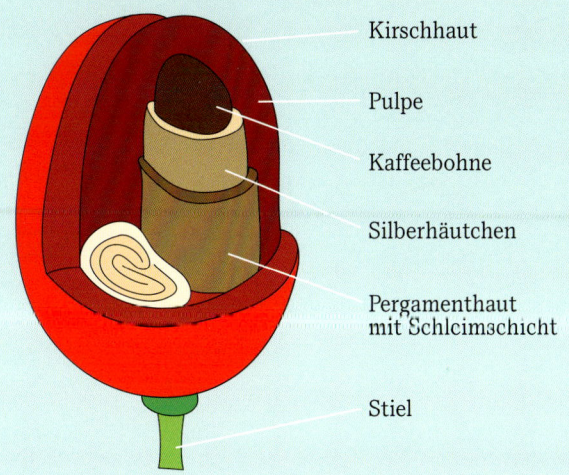

- Kirschhaut
- Pulpe
- Kaffeebohne
- Silberhäutchen
- Pergamenthaut mit Schleimschicht
- Stiel

Warum ist die Veredelung so wichtig?

Das Rösten des Rohkaffees und das kunstvolle Mischen verschiedener Sorten, um geschmacklich besonders gute „Blends" zu erzielen, machen Kaffee erst zu dem, was er ist. Das Veredeln findet in den Importländern statt, damit das Aroma nicht verloren geht. In Deutschland befinden sich die großen Kaffeeröstereien in Hamburg und Bremen. Dort wachen die Röstmeister über Röstung und Mischung. Welcher Schritt zuerst getan wird, ist unterschiedlich und hängt von den Sorten ab.

Beim Rösten wird der Rohkaffee trocken in großen Trommeln erhitzt. Das weckt bis zu 800 Aromastoffe in der Kaffeebohne: Je nach Sorte und Erntejahr sind eine unterschiedliche Röstdauer und Temperatur optimal. Nur durch jahrelange Erfahrung erreichen Röstmeister beste Kaffees. Temperaturen von 100–260 °C entziehen den Bohnen einerseits Feuchtigkeit, andererseits verbinden sich im Inneren der Bohne Zucker und Eiweiße ab aromatischen Verbindungen; Säuren bauen sich ab oder verschwinden ganz. Die Bohnen nehmen an Größe ab, verfärben sich typisch kaffeebraun und erhalten durch austretende Aromaöle eine glänzende Oberfläche.

Die Röstmeister beurteilen ihre Kaffees nach Aroma (Würze), Säure, Körper (Fülle) und Duft und stellen die optimalen Mischungen zusammen. In den meisten Kaffees stecken 4–8 verschiedene Sorten und Röstungen. Die Prädikate „Auslese" oder „Premium" kennzeichnen besonders hochwertige und harmonische Blends.

Der Röstkaffee wird als ganze Bohne oder gemahlen luftdicht verpackt, um alle Aromastoffe zu erhalten.

Wie wird koffeinfreier Kaffee hergestellt?

Das Koffein ist der Grund für die anregende Wirkung des Kaffeegetränks, die nicht alle Kaffeetrinker immer vertragen. Koffeinfreier Kaffee wird erzeugt, indem das in den Rohkaffeebohnen enthaltene Koffein herausgelöst wird. Dafür werden verschiedene Verfahren angewendet, wobei z. B. Wasser und organische Extraktionsmittel oder Kohlensäure eingesetzt werden. Die Extraktion des Koffeins ist kein chemischer Prozess und verläuft sehr schonend – das Aroma bleibt dabei erhalten.

Wer verdient am meisten mit Kaffee und was bedeutet „Fair Trade"?

Steuern, Zölle und Frachtkosten haben mit 45 % den größten Anteil an Kaffeepreis. Der Einzelhandel profitiert mit 24 % und die Händler und Röster mit 18 %. Die Arbeiter bekommen nur rund 5 % und die Plantagenbesitzer 8 % des Ladenpreises.

Um dieses Ungleichgewicht zu ändern, wurde Anfang der 1990er Jahre die Initiative "Fairtrade" gestartet. Diese gemeinnützige Organisation versucht weltweit den Handel mit Rohstoffen aus Entwicklungsländern, allen voran Kaffee, für die Arbeiter und Bauern in den Ursprungsgebieten fairer zu gestalten. Weltweit leben rund 100 Millionen Menschen vom Kaffee, die für ihre Leistung auch „faire" Preise erhalten sollen. Zwischenhändler werden ausgeschaltet. Fair Trade heißt aber auch „fair play", wenn es um nachhaltigen, ökologischen Landbau oder gute Arbeitsbedingungen geht. Kaffee und alle anderen fair gehandelten Produkte tragen europaweit das einheitliche Fairtrade-Siegel und sind mittlerweile in fast allen Supermärkten erhältlich.

FAIRTRADE
DAS ZEICHEN FÜR FAIREN HANDEL

Kaffee heute: *Kaffeekult*

Weltweit ist die Kaffeenachfrage in den letzten zehn Jahren um beachtliche 17 % gestiegen. Europa importiert den größten Anteil der Weltproduktion. Aus dem einfachen Überbrühen von gemahlenem Kaffee haben sich zahlreiche Zubereitungsmethoden entwickelt. Nach Kaffeepads und -Kapseln geht der Trend nun wieder zu alten Zubereitungsarten, wie dem Filtern.

Wer sind die Kaffeefans in Europa?

Wider Erwarten haben beim Kaffeekonsum in Europa nicht die Südländer, sondern die Skandinavier die Nase vorne: Jeder Finne genießt jährlich Kaffee aus 12 kg Rohkaffee. Rund 9 kg werden jährlich pro Kopf in Norwegen und jeweils 8 kg in der Schweiz, in Dänemark und in Österreich verarbeitet. Deutschland folgt auf Platz sieben mit rund 7 kg pro Kopf und damit noch vor den sogenannten Kaffeenationen Italien und Frankreich mit jeweils 5 kg.

LÖSLICHER KAFFEE, KAFFEEPADS ODER KAFFEEKAPSELN BRINGEN FRISCHEN WIND.

Überraschenderweise liegt die Türkei, die ursprünglich den Kaffee nach Europa brachte, mit 0,6 kg Rohkaffee-Verbrauch an letzter Stelle.

Warum ist Kaffee eigentlich so teuer?

In einigen europäischen Ländern wird auf Kaffee eine Steuer erhoben: in Deutschland z. B. beträgt sie pro Kilogramm Röstkaffee derzeit 2,19 Euro, pro Kilogramm löslicher Kaffee 4,78 Euro. Dadurch wird der Kaffeepreis wesentlich verteuert.

Welche Zubereitungsarten sind am beliebtesten?

Es begann mit dem einfachen Überbrühen von gemahlenen oder zerstoßenen Bohnen in Kännchen. Dann kamen Filterkaffee, Espresso aus Pads, Cappuccino zum Anrühren mit heißem Wasser oder sogar fertiger Kaffee in Dosen auf.

Filterkaffee aus gemahlenen Bohnen ist der Klassiker, doch Löskaffee, Pads und Kapseln werden immer beliebter. Der Verbrauch von Kaffeepads stieg von 2005 bis 2014 um das 4-Fache, bei den Kaffeekapseln beträgt die Steigerungsrate sogar das 22-Fache!

Ganz vorne liegt jedoch der lösliche Kaffee in allen Varianten – vom klassischen Granulat bis zu den Mischungen wie Latte Macchiato oder Cappuccino Vanille oder fertig zubereiteter Kaffee in der Dose. Um löslichen Kaffee zu gewinnen, wird bereits aufgebrühtem Kaffee (Filterkaffee oder Espresso) durch Gefriertrocknen das gesamte Wasser wieder entzogen. Wenn es Cappuccino-Pulver werden soll, setzt man noch je nach Geschmacksrichtung Zucker, Milchpulver und Aromen bei.

Woher kommt die neue Café-Kultur?

Anders als die Kaffeehaus-Tradition in Europa sind die ersten Coffee Shops in den USA entstanden. Coffee-to-go, d. h. einen großen Becher Cappuccino oder Caffè Latte in einem Coffee Shop holen und den Kaffee auf dem Weg zur Arbeit oder beim Shopping genießen. Das hat es bei uns zuvor nicht gegeben.

Im Gegensatz zu den Briten tranken die Amerikaner schon von jeher Kaffee, doch erst Reisen nach Europa zeigten, dass es noch etwas anderes als das bisher bekannte dünn gebrühte Getränk gab.

Der erste Coffee Shop wurde 1971 von „Starbucks" in Seattle eröffnet. Zwölf Jahre später gab's dort dann neben Kaffeebohnen erstmals auch frischen Espresso nach dem Vorbild italienischer Espressobars. Inzwischen sind die Coffee Shops der großen Ketten modern eingerichtete Lokale, die alle Varianten von Kaffee in feiner Qualität bieten. Neben einem Take-away-Tresen gibt es auch bequeme Plätze, häufig mit Sofas zum längeren Bleiben. Die Auswahl ist klein, aber fein und bietet die wichtigsten Varianten von Caffè Latte über Latte Macchiato bis Cappuccino in verschiedenen Größen bis Supersize.

Mit Sirupen, wie etwa Karamell, Kokosnuss oder Macadamia-Schokolade, und Gewürzen kann man seinen „Coffee" noch beliebig verfeinern. Das zieht die Teenager und Twens in die modernen Shops. Dazu gibt es typisch amerikanische Cookies, Donuts, Brownies oder Muffins. Mittags sind Sandwiches der Schlager.

Dieses Konzept eroberte ab 1996 die ganze Welt Und mittlerweile gibt es mehr als 20 000 Shops in rund 60 Ländern. Mit dieser neuen Kultur haben auch die Jugendlichen Kaffee wieder für sich entdeckt.

Coffee Shops sind vor allem in den Städten weit verbreitet.

Doch auch die klassischen Kaffeehäuser werden zunehmend beliebter. Sie punkten mit frischen, selbst gebackenen Mehlspeisen, einer umfangreicheren Karte und oftmals moderateren Preisen.

MILCHSCHAUM ...

... lässt sich mit Milch aller Fettstufen glcich gut herstellen. Allein Ihr Geschmack entscheidet, ob Sie Ihren Kaffee lieber mit Vollmilch, fettarmer oder entrahmter Milch trinken.

... mit einer Kaffeemaschine mit Dampfdüse herstellen: Dabei ist es wichtig, dass das Gerät eine starke Heizung hat. Ist die Heizung der Maschine zu schwach, gerät zu viel Wasserdampf in die Milch, der das Ganze verwässert.

Was sind die neuesten *Kaffeetrends*?

Der hart umkämpfte Kaffeemarkt lässt sich immer wieder etwas Neues einfallen, vor allem, um sein junges Publikum zu überzeugen. Dabei wird der Kaffeegenuss zunehmend den heutigen Lebensumständen angepasst. Das bedeutet auf der einen Seite, dass es schnell gehen muss, aber andererseits auch geschmacklich innovativ sein soll.

Die Cold-Brew-Methode

Diese neue Zubereitungsart ist vor allem bei heißen Temperaturen gefragt. Der „kalt gebraute Kaffee" ist nicht nur erfrischend, sondern auch besonders bekömmlich und magenfreundlich, da er säureärmer ist als frisch gekochter Kaffee. Die Cold-Brew-Methode ist zwar anfangs etwas aufwendiger, da man zuerst ein Kaffee-Konzentrat herstellen muss. Da das Konzentrat aber im Kühlschrank ohne Aromaverluste bis zu 2 Wochen haltbar ist, lohnt sich die Herstellung.

COLD-BREW-KAFFEE

Für die Herstellung des Konzentrats werden 200 g grob gemahlener Kaffee mit 1 l kaltem Wasser übergossen und gut verrührt. Anschließend deckt man alles mit Frischhaltefolie ab und lässt es bei Zimmertemperatur ca. 12 Stunden ziehen. Dann wird das Gemisch gefiltert – und fertig ist das Konzentrat.

Um den Kaffee kalt zu genießen, mischt man 1 Teil Konzentrat mit 2 Teilen kaltem Wasser. Besonders erfrischend wird der Kaffee durch die Zugabe von Eiswürfeln. Das Konzentrat eignet sich aber auch zur Zubereitung von heißem Kaffee: Hierfür wird ebenfalls im Verhältnis 1:2 gemischt, allerdings mit heißem Wasser. Natürlich kann das Mischungsverhältnis auch geändert werden, je nachdem ob man starken oder schwächeren Kaffee bevorzugt.

Kaffee-Sirup

Eine gute Tasse Kaffee ist alleine schon ein Genuss – doch mit einem Schuss Kaffee-Sirup wird das Geschmackserlebnis für viele perfekt. Aromasirup in verschiedenen Geschmacksrichtungen verleiht nicht nur einfachem Kaffee, sondern auch Spezialitäten wie Latte Macchiato oder Café Crème das gewisse Etwas. Trendsetter waren hier die Café-Bars, aber mittlerweile hat diese Methode der Kaffeeveredelung auch in der heimischen Küche Einzug gehalten.

Zwar gibt es für den schnellen Kaffeegenuss bereits aromatisierte Kaffeekapseln oder –pads zu kaufen – wahre Kenner bereiten sich ihren Flavour-Kaffee jedoch selbst zu. Dabei wird dem Kaffee oder der Kaffeespezialität ein Schuss Sirup zugesetzt. Diese Sirups gibt es in unterschiedlichen Geschmacksrichtungen, am beliebtesten sind allerdings jene Sorten, die mit dem Kaffeearoma am besten harmonisieren: Schoko, Vanille, Haselnuss und Karamell. Auch Amaretto, Kokos oder Macadamia passen sehr gut dazu. Für Liebhaber des Ausgefallenen gibt es auch Frucht-Sirupe, wie Kirsche oder Aprikose. Das Angebot umfasst eine große Auswahl an Kaffee-Sirupen, sodass hier für jeden Geschmack etwas dabei ist.

Tipps und Tricks – Die Geheimnisse des guten Geschmacks

Die Favoriten zu Hause sind immer noch Filterkaffee, löslicher Kaffee und Espresso. Dazu gibt es zahlreiche Tipps, damit Kaffee noch besser gelingt. Für alle Arten der Kaffeezubereitung gilt, dass für die Qualität die Bohnen, der Mahlgrad bzw. die Qualität und Temperatur des Wassers ausschlaggebend sind. Und vor allem: Frischer Kaffee schmeckt am besten.

Mahlgrad, Aufbewahrung und Dosierung

Ein guter Kaffee beginnt mit gerösteten Bohnen in Top-Qualität und einer runden Mischung. Dafür benötigt man einen kühlen, trockenen und geruchsfreien Aufbewahrungsort, denn gemahlener Kaffee nimmt sehr schnell fremde Gerüche an. Und sobald die Kaffeepackung angebrochen ist, setzt die Gefahr des Frischeverlusts ein. Dem kann man entgegenwirken, indem die Packung fest verschlossen und weiterhin kühl aufbewahrt wird. Am besten ist Kaffee in seiner Originalverpackung in einer gut verschließbaren Dose (z. B. mit Dichtungsring) im Kühlschrank aufgehoben. So wird das Aroma geschont und die Öle des Kaffeepulvers greifen die Dose nicht an. Da diese Öle im Lauf der Zeit ranzig werden können, würden sie den

Geschmack immer wieder nachgefüllten Kaffees verderben. Am besten schmeckt natürlich frisch gemahlener Kaffee. Für Filterkaffee empfiehlt sich ein mittlerer Mahlgrad.

Für Espresso ist fein gemahlener Kaffee zu bevorzugen. Vorsicht bei elektrischen Kaffeemühlen: Oft wird das Pulver wegen der hohen Drehzahl zu warm. Dann duftet es zwar herrlich nach Kaffee, aber die Aromastoffe verflüchtigen sich zu früh.

Die richtige Dosierung des Kaffeepulvers ist wichtig: Für eine Normaltasse (150 ml) gelten 6 bis 9 g als üblich; für löslichen Kaffee 2 g. Für Mokka gilt die doppelte, für Espresso die dreifache Menge Pulver. Weniger ergibt einen zu schwachen Kaffee, mehr wäre Verschwendung.

Frisches Wasser

Der Kaffee lebt nicht von den Bohnen allein – die Qualität des Wassers beeinflusst ebenfalls seinen Geschmack. Ideales Kaffeewasser ist frisch und kalt. Dann ist der Sauerstoffgehalt am größten, was sich positiv auf den Geschmack des Kaffees auswirkt. Bereits nach einem Tag ist Wasser abgestanden und führt zu Beeinträchtigungen im Geschmack. Mineralwasser sollte auf keinen Fall verwendet werden, denn das kann Kaffeemaschinen beschädigen.

Sollte das Leitungswasser sehr hart, d. h. kalkhaltig sein, ist ein Wasserfilter eine gute Wahl. Er harmonisiert nicht nur die Wasserhärte und sorgt so für besseres Aroma, sondern sichert auch eine längere Lebensdauer der Kaffeemaschine.

KAFFEE ...

... füllen Sie am besten in ein vorgewärmtes Tinkgefäß. Denn besonders bei Kaffee-Mixgetränken, denen eine gekühlte Flüssigkeit hinzugefügt wird, ist der Kaffee im Handumdrehen heruntergekühlt und schmeckt nur noch halb so gut wie im heißen Zustand.

MAHLEN VON KAFFEE MIT DER KAFFEEMÜHLE

Frisch genießen

Frisch aufgebrühter Kaffee sollte auch frisch getrunken werden. Lässt man Kaffee in einer einfachen Glaskanne länger als 20 Minuten auf der Heizplatte stehen, verliert sich das Aroma und der Kaffee wird bitter. Wenn Kaffee länger heiß gehalten werden soll, eignet sich eine Thermoskanne am besten.

EXPERTEN SCHWÖREN, DASS MAN DEN BESTEN KAFFEE PER HAND FILTERT.

ZUBEHÖR

Kaffeekannen aus Glas oder Porzellan bewahren das Aroma des Kaffees besser als Kannen aus Metall oder Blech. Auch das Kaffeezubehör (Filter, Kanne) muss gereinigt werden. Dadurch wird eine Ablagerung der Kaffeeöle verhindert, die sonst den Kaffee ranzig schmecken lassen könnten. Entgegen einer verbreiteten Auffassung reicht es nicht aus, die Kaffeekanne nach Gebrauch kurz mit klarem Wasser auszuspülen. In diesem Fall lagert sich Kaffeeöl ab, das mit der Zeit gerinnt und den Kaffee bitter macht.

Lässt die Kaffeemaschine auffällig viel Dampf ab, wird das Wasser zu sehr erhitzt; das Ergebnis ist bitterer Kaffee. In diesem Fall sollte die Maschine entkalkt werden.

Worin liegen die Vorteile der verschiedenen Zubereitungsarten?

Kaffeebrühen per Hand

Laut Experten brüht man den besten Kaffee per Hand. Dabei sollte die Brühzeit 4 bis 6 Minuten betragen. Zu kurz gebrüht, bedeutet zu wenig Aroma und zu wenig Säure. Zu langsames Brühen führt dazu, dass sich die angenehmen Aromastoffe größtenteils verflüchtigen und die unangenehmen Bitterstoffe durchschmecken. Der Mahlgrad der Bohnen soll relativ grob sein.

Wenn das Wasser gerade aufwallt, hat es die optimale Temperatur (92 bis 96 °C) zum Aufgießen des Kaffees. Die bekanntesten Utensilien dafür sind die Karlsbader Kaffeekanne und die italienische „Pressstempelkanne". Der so zubereitete Kaffee ist besonders mild und bekömmlich. Da kein Filterpapier verwendet werden muss, wird das Aroma auch nicht verfälscht.

Per Hand gebrühter Kaffee ist rasch am Tisch, man benötigt neben gutem Kaffee nur einen Wasserkocher und keine teuren Maschinen.

MILCHSCHAUM ...

... gelingt am besten, wenn man die Milch auf 60–65 °C erhitzt. Um die Temperatur der Milch kontrollieren zu können, nehmen Sie am besten ein Bratenthermometer.

... schäumen Sie am besten per Hand mit einem Schneebesen mit vielen Windungen auf. Achten Sie darauf, dass Sie die Milch direkt unter der Oberfläche aufschäumen. Stellen Sie die fertig aufgeschäumte Milch noch eine Minute beiseite, bevor Sie die Milch in die Cappuccinotasse geben.

Filterkaffee

Die klassische Filter-Kaffeemaschine steht in 95 % aller deutschen Haushalte. Diese übernimmt nach dem Einfüllen des Pulvers den Aufguss fast selbstständig. Ein Vorteil ist, dass man bei größeren Maschinen auch gleich eine sehr große Menge an Kaffee bekommt. Kaffeegourmets geben sich aber nur sehr selten mit Kaffee aus Filtermaschinen zufrieden. Produkttests ergeben auch immer wieder, dass es große Qualitätsunterschiede zwischen den Maschinen gibt.

Löslicher Kaffee

Löslicher Kaffee oder Instantkaffee, wie wir ihn heute kennen, kam erstmals 1965 in den deutschen Handel. Es handelt sich dabei um ein leicht lösliches Granulat aus gefriergetrocknetem Bohnenkaffee. Die Vorteile von löslichem Kaffee liegen auf der Hand: Kaffee kann ganz rasch in der Tasse mit heißem Wasser zubereitet werden und mit der Dosierung kann man die Stärke je nach Belieben genau beeinflussen. Im Sommer ist löslicher Kaffee besonders praktisch, da sich das Granulat auch mit kaltem Wasser für Eiskaffee perfekt zubereiten lässt.

Espresso

Die Italiener kennen kaum anderen Kaffee als „Espresso" oder seine beliebteste Serviervariante „Cappuccino" mit Milchschaum. Espresso ist der schnellste Kaffee: Sehr wenig Wasser wird mit 90 °C und sehr hohem Druck durch das Kaffeepulver gepresst. Die Veredelung von Espressobohnen unterscheidet sich von normalem Röstkaffee und der Mahlgrad ist feiner. Durch die geringe Wassermenge hat kein anderer Kaffee eine so dicke Konsistenz und die berühmte „Crema". In Italien wird Espresso nur in vorgewärmten Tassen serviert.

Für die Zubereitung von echtem Espresso benötigt man zu Hause das passende Zubehör: Das einfachste und günstigste Hilfsmittel ist der italienische Espressokocher für die Herdplatte. Im unteren Teil befindet sich Wasser, in der Mitte das Kaffeepulver und im oberen Teil sammelt sich das fertige Getränk. Durch Erhitzen des Wassers entsteht Dampf, der im Kaffee die Aromastoffe löst und dann im oberen Teil wieder kondensiert. Der Kaffee aus diesen Geräten schmeckt würzig-käftig. Es ist aber kein hundertprozentiger Espresso, da sich die typische Crema damit nicht erzielen lässt.

Bei den Espressomaschinen unterscheidet man Modelle, die aus ganzen Bohnen (Vollautomaten), aus bereits gemahlenem Kaffee (Siebträger-Maschinen) oder aus Kaffeeportionen (Kapselgeräte) Espresso zubereiten.

Vollautomaten kosten vor allem in der Anschaffung mehr, bei den Kapselgeräten gehen die Kaffeeportionen ins Geld und es fällt viel Aluminium- bzw. Kunststoffmüll an. Bei Siebträgermaschinen kommt dazu, dass die Handhabung aufwändiger ist, da ja der Kaffee erst gemahlen bzw. gemahlen eingepresst werden muss.

DER KAFFEE AUS EINEM ESPRESSOKOCHER SCHMECKT WÜRZIG UND KRÄFTIG.

SCHLAGSAHNE ...

… schmeckt selbst aufgeschlagen viel besser als fertige Sahne aus der Sprühdose. Falls die Sahne nicht steif wird, können Sie während des Schlagens ein paar Tropfen Zitronensaft zufügen oder Eiweiß daruntermischen. Süßen sollten Sie die Sahne erst ganz zum Schluss.

… einkaufen heißt, Sie haben die Qual der Wahl. Frische süße Sahne hält sich im Kühlschrank nur 4 bis 6 Tage, ultrahocherhitzte dagegen schon ohne Kühlung 6 Wochen. Die sterilisierte kann man dann bis zu 1 Jahr lang lagern. Der Nachteil an konservierten Produkten ist jedoch, dass sich der Geschmack durch die Konservierungserwärmung verändert.

Cappuccinopulver und Kaffee aus der Dose

Diese Varianten sind vor allem auf Reisen bequem. Doch beide Produkte enthalten neben Kaffeeextrakt sehr viele Zusatzstoffe wie Glukose bzw. Zucker, gehärtete Fette, Aromen, Salz, Farbstoffe und Stabilisatoren, die vor allem in großen Mengen nicht für jeden gut verträglich sind. Diese Getränke sind auch Kalorienbomben: So hat eine Tasse aus Cappuccinopulver rund 40 bis 60 Kalorien.

Portionsmaschinen

Neben den echten Espressomaschinen gibt es auch noch Maschinen, die aus gemahlenen Kaffeeportionen (oder sogar Tee, Kakao, usw.), allerdings zum Teil ohne erhöhten Druck, ein Heißgetränk bereiten. Diese Portionen sind meist in Pads verpackt.

Doch nicht immer ist in diesen Pads reiner Kaffee. Ein Blick auf die Packung zeigt, dass manchmal auch Aromen, gehärtete Fette, Emulgatoren oder Glukose als Süßungsmittel zugesetzt sind.

ESPRESSO ...

… schmeckt am besten aus einer Espressomaschine. Achten Sie darauf, dass die Durchlaufzeit Ihrer Espressomaschine um die 25 Sekunden beträgt. Ist sie kürzer, schmeckt der Espresso fade und sauer, ist sie zu lang, wird er zu bitter.

Kaffee und Gesundheit

Kaffeetrinker können sich freuen: Kaffee, und vor allem das darin enthaltene Koffein, hat positive Wirkungen. Es fördert die Konzentration, zügelt den Appetit und kann sogar Kopfschmerzen abwehren und die Stimmung heben. Enthaltene Mineralstoffe und Vitamine helfen dem Körper beim Stoffwechsel. Einzig Schwangere bzw. stillende Frauen und Personen mit Bluthochdruck oder Herzkrankheiten sollten beim Kaffeetrinken aufpassen.

Welche Inhaltsstoffe finden sich in Kaffee?

Rund 800 bis 1000 Substanzen tragen zum Kaffeegenuss bei. Neben der bekanntesten – Koffein – gehören Säuren, Öle, Aromastoffe, Wasser und sogar Mineralstoffe und Spurenelemente wie Kalzium und Magnesium dazu. Daneben hat Kaffee (ohne Zucker und Milch getrunken) kaum Kalorien.

Koffein

Koffein ist der wohl bekannteste Inhaltsstoff und seit 1820 intensiv erforscht. Damals konnte Koffein erstmals vom deutschen Chemiker Runge isoliert werden. Von Natur aus ist Koffein in Kaffee, Tee, Kakao, Kolanüssen, Guarana und Mate enthalten. Eine Tasse Filterkaffee enthält rund 80 mg Koffein. Wer etwa 3 bis 4 Tassen Kaffee täglich trinkt, braucht sich wegen eventueller schädlicher Folgen des Koffeingenusses nicht zu sorgen. Im Gegenteil – in so geringen Mengen zeigt sich das Koffein von seiner positiven Seite: Es regt an, vertreibt Müdigkeit und steigert die Leistungsfähigkeit.

Aus medizinischer Sicht ist Koffein ein mildes Anregungsmittel für das zentrale Nervensystem. Es aktiviert Hormone, die wiederum Herztätigkeit, Stoffwechsel und Atmung anregen und die Blutgefäße im Gehirn erweitern. Aufgrund seiner Eigenschaften wird das Koffein als Hilfs- und Wirkstoff in vielen Medikamenten eingesetzt, z. B. bei der Behandlung von Asthma, in Schmerzmitteln oder Appetitzüglern. Doch Koffein trägt auch zu etwa einem Drittel geschmacklich zur herben Note des Kaffees bei.

KOFFEIN KANN DIE KONZENTRATION FÖRDERN.

Natürlich gilt auch für Koffein, dass zu viel des Guten schaden kann. Einen festen Wert für die Grenze, an der Koffein das Wohlbefinden beeinträchtigt, gibt es nicht. Kaffeetrinker sollten deshalb einfach individuell beobachten, wie viel gut und wie viel zu viel des Guten ist. Zu viel Kaffee (etwa 8 Tassen, schnell hintereinander getrunken) kann Zittrigkeit, Herzrasen, Bluthochdruck oder Angstgefühle auslösen. Entgegen mancher Meinung ist Kaffee ein Genussmittel und keine Droge, die süchtig macht. Einzig Kopfschmerzen können auftreten, wenn man nach regelmäßigem Konsum plötzlich keinen Kaffee mehr trinkt.

Aromastoffe

Das Geheimnis um die Aromastoffe im Kaffee ist noch immer nicht zur Gänze gelüftet: Man nimmt an, dass mehr als 800 Substanzen zum typischen Geruch und Geschmack beitragen. Das ist auch der Grund, warum es noch kein Kaffeearoma aus dem Labor gibt. Erst kürzlich wurde ein morphinartiger Stoff im Kaffee entdeckt. Demnach hat selbst koffeinfreier Kaffee eine euphorisierende und schmerzstillende Wirkung.

Kommt Kaffee mit Milch in Kontakt, dann büßt er an Aroma ein. Je höher der Fettgehalt der Milch, desto weniger Aroma bleibt.

Säuren

Bis zu 80 verschiedene Säuren wurden im Kaffee entdeckt. Chlorogensäure, die wichtigste davon, regt die Verdauung an. Das ist der Grund, dass Kaffee gerne nach dem Essen getrunken wird. Wichtig dabei ist, dass er dann (fast) ohne Milch getrunken wird, da er sonst schwerer verdaulich ist. Diese Wirkung hat übrigens auch koffeinfreier Kaffee. Durch Rösten wird beispielsweise die in der Bohne enthaltene Nikotinsäure in das B-Vitamin Niazin umgewandelt.

Mineralstoffe und Vitamine

Rohkaffee besteht zu etwa 4 % aus Mineralstoffen und Spurenelementen, die auch zu etwa 90 % in das Getränk übergehen. Darunter sind vor allem Kalzium, Kalium, Magnesium und Phosphor. Diese Vitalstoffe benötigt der menschliche Körper für den Stoffwechsel, den Knochen- und Zahnaufbau und zur Steuerung von Muskeln und Nerven. Zu den Inhaltsstoffen zählen auch die B-Vitamine (B_2, B_3, B_5 und B_6). Diese Vitamine benötigt unser Körper zur Energiegewinnung, beim Stoffwechsel, zur Blutbildung und für das Haut- und Haarwachstum.

Sind manche Zubereitungsarten schonender?

Filterpapier filtert die Lipide (Fette) Cafestol und Kawheol heraus, die sich negativ auf den Cholesterinspiegel auswirken können.

Espresso wiederum ist schonender als Filterkaffee. Denn einerseits enthalten Espressobohnen durch die eigene Veredelung weniger Reizstoffe, andererseits nimmt der heiße Wasserdampf weniger Säuren in die Tasse mit.

Wann weniger oder kein Kaffee?

Schwangerschaft und Stillzeit

Forschungen haben gezeigt, dass Koffein über die Nabelschnur bzw. durch die Muttermilch zum Kind gelangt. Da es vom Baby nur sehr langsam abgebaut werden kann, wird geraten, nur 1 bis 2 Tassen pro Tag, idealerweise koffeinfrei, zu trinken.

Hoher Cholesterinspiegel

Personen mit erhöhtem Cholesterinspiegel sollten ebenfalls weniger und nur mittels Papier gefilterten Kaffee trinken. Denn Papierfilter filtern auch bestimmte Fette, die im Kaffee enthalten sind, heraus.

Bluthochdruck

Personen mit Bluthochdruck, Herzkrankheiten oder Leberschwäche sollten den Kaffeegenuss mit ihrem Arzt absprechen.

Homöopathische Medizin

Die Wirkung von homöopathischen Medikamenten kann durch Koffein herabgesetzt oder ganz aufgehoben werden. Daher sollte während einer Behandlung kein Kaffee getrunken werden.

Entzieht Kaffee unserem Körper Wasser?

Einige Experten sind überzeugt, dass Kaffee nicht dehydrierend wirkt, andere sagen, dass Kaffee die Blutgefäße – eben auch in den Nieren – erweitert und so zu einer schnelleren Wasserausscheidung beiträgt. Das ist an sich nichts Schlechtes, man sollte nur auf genügend Flüssigkeitszufuhr achten und einfach ein Glas Wasser zu jedem Kaffee trinken.

Kurioses rund um den Kaffee

Rund um den Kaffee gibt es einiges Wissenswertes und Kurioses – oder hätten Sie gewusst, dass …

… der italienische Cappuccino nach den „Kapuziner-Mönchen" benannt ist?

Der große Mokka mit Milch und einem Klacks Sahne sieht aus wie die braune Kutte und die Sahnehaube wie die geschorene Glatze.

… der teuerste Kaffee der Welt rund 1000 Euro pro Kilogramm kostet?

Auf den Inseln Indonesiens fressen bestimmte Schleichkatzen (Zibetkatze) die Kaffeekirschen der Sorte „Kopi Luwak" und scheiden die Bohnen fermentiert wieder aus. Nach dem Mahlen und Kochen schmeckt dieser Kaffee stark und erdig. Sein Geschmack ist vor allem in Japan, China, Taiwan und Australien sehr geschätzt.

… in Südamerika die Kaffeeplantagen von Kleinbauern immer weniger werden?

Viele Campesinos steigen vom mühsamen Kaffeeanbau auf Cocapflanzen um, da das Kultivieren schneller geht und es kaum ein Ernterisiko gibt. Darüber hinaus steigen die Preise für diesen Rohstoff, aus dem die Droge Kokain hergestellt wird.

… Kaffeesatz als Peeling für raue Hände Wunder wirkt?

Die gemahlenen Bohnen schrubben die Hände zart und ölen sie gleichzeitig ein.

… man in Neapel mit etwas Glück einen Gratis-Espresso bekommen kann?

Stellt man in einer Bar in Neapel die Frage: „C'è un sospeso?" („Gibt es einen Aufgehobenen?"), bekommt man mit etwas Glück einen Kaffee, ohne dafür zu zahlen. Hintergrund: Jemand, der an diesem Tag ein gutes Geschäft getätigt oder etwas Schönes erlebt hat, hat einen Kaffee getrunken und den Preis für zwei gezahlt. So ist ein Espresso aufgehoben für jemanden, der ihn sich aus dem eigenen Geldbeutel nicht leisten kann.

… Kaffeesatz ein ausgezeichneter Pflanzendünger ist?

Vor allem Geranien und Rosen sollen damit gedüngt stärker blühen.

… „Blümchenkaffee" etwas mit dem Dekor zu tun hat?

Wenn der Kaffee sehr schwach gebrüht ist, scheint das Blümchenmuster im Inneren der Kaffeetasse durch.

… IN DEUTSCHLAND DURCHSCHNITTLICH JEDE PERSON 160 LITER KAFFEE PRO JAHR TRINKT? DAS ENTSPRICHT DURCHSCHNITTLICH 4 TASSEN PRO TAG.

Kaffee-Lexikon

Kaffeekenner haben über die Jahrhunderte eine Vielzahl von Zubereitungsarten und Varianten entworfen, um Kaffee zu genießen. Meist geht es darum, ob mit viel oder wenig Wasser gebrüht, mit Milch oder Sahne serviert bzw. ob noch ein Schuss Hochprozentiges beigefügt wird. Damit Sie überall Ihren Favoriten serviert bekommen und Ihren Gästen immer wieder etwas Neues bieten können, finden Sie hier eine Übersicht über die wichtigsten internationalen Spezialitäten.

Caffè Corretto

1 ESPRESSO
1 CL VECCHIA-ROMAGNA-BRANDY

Ein beliebter Klassiker in Italien: Einfach den Espresso in ein Espresso-Tässchen geben und ihn mit einem Schuss Brandy „korrigieren", also den Brandy darübergeben.

Variante

Probieren Sie den Caffè Corretto anstatt mit Brandy auch mal mit Grappa, Weinbrand oder Likör. Köstlich!

Was Sie vielleicht noch nicht wussten

Die Italiener lieben ihren „korrigierten" Espresso, vor allem mit Grappa. Da wird auch schon mal der Espresso zuerst und dann erst der Grappa aus der noch heißen Espressotasse getrunken, sodass sich die restliche Crema des Espressos am Tassenrand mit dem Grappa vermischt.

Caffè Latte

1 TEIL HEISSE MILCH

1 DOPPELTER ESPRESSO

Den Caffè Latte trinkt man entweder aus einem hohen Glas oder einer großen Tasse. Die heiße Milch wird auf den heißen Espresso gegossen. Wer möchte, kann das Ganze mit etwas Milchschaum krönen.

Variante

Mit viel mehr Milchschaum und einem leckeren Sirup erhalten Sie einen Caffè Latte auf amerikanische Art.

Caffè Mocca

MILCHSCHAUM

1 ESPRESSO

1 TEIL HEISSE MILCH

1 TEIL KAKAO

Für den Caffè Mocca braucht man ein großes, hohes Glas. Den Kakao zubereiten, die erhitzte Milch aufschäumen und 1 Minute stehen lassen. Dann mit dem Espresso im Glas zusammenmischen und etwas Milchschaum obendrauf geben.

Variante

Anstelle des Kakaos kann man auch 1–2 Esslöffel Schokoladensirup in das Glas träufeln.

Caffè Shakerato

2–3 EISWÜRFEL
1 ESPRESSO

„Shakerato" heißt so viel wie „geschüttelt".
Den Espresso und die Eiswürfel in den
Shaker geben und zusammen schaumig
schütteln. Serviert wird er in einem Cock-
tail- oder Weinglas.

Viele geben ihrem Shakerato noch eine
persönliche Note in Form von einem Aroma-
zusatz ihrer Wahl, z. B. ein Sirup, Grappa,
Amaretto oder ein Schuss Zitrone.

Cappuccino

1 TEIL MILCHSCHAUM
1 TEIL WARME MILCH
1 ESPRESSO LUNGO

Beim Cappuccino kommt zuerst der Espresso in die
Tasse, dann die warme Milch und zuletzt setzt man
mit einem Esslöffel den Milchschaum obendrauf.
Wenn Sie möchten, können Sie den Cappuccino noch
mit ein bisschen Kakaopulver oder Zimt bestreuen.

Der Cappuccino wird traditionell aus großen, dickwandigen Tassen getrunken.

Variante
Streuen Sie mit Hilfe einer Schablone ein Kakaomus-
ter auf den Milchschaum.

Cappuccino con Panna

1 TEIL SCHLAGSAHNE

1 TEIL WARME MILCH

1 ESPRESSO LUNGO

Beim Cappuccino con Panna wird der Milchschaum durch Schlagsahne ersetzt. Man gibt zuerst den Espresso in die Tasse, dann die heiße Milch und zuletzt setzt man die Schlagsahne obendrauf. Auch hier können Sie das Ganze noch mit etwas Kakaopulver oder Zimt bestreuen.

Was Sie vielleicht noch nicht wussten

In einer Espressomaschine wird das Wasser zwischen 88 und 94 °C heiß und mit einem Ausgangsdruck von 9 bar durch das Kaffeepulver gepresst. Espresso-Kaffeepulver ist übrigens extrem fein gemahlen, um den optimalen Espresso-Geschmack zu bekommen.

Chocolaccino

SCHOKORASPEL

1 TEIL KALTE NICHT GESCHLAGENE SAHNE

1 TEIL WARME MILCH

1 ESPRESSO

Die Sahne wird beim Chocolaccino nur so weit aufgeschlagen, dass sie noch flüssig ist. Die Milch auf ca. 60 °C erwärmen und ein klein wenig aufschäumen. Den Espresso in ein Kaffeeglas oder eine Cappuccinotasse füllen und mit der warmen Milch auffüllen, ohne umzurühren. Die flüssige Sahne und die Schokoraspel noch obendrauf – schon ist der Chocolaccino fertig.

Doppio

2 TL ESPRESSOPULVER
MIT 50 ML WASSER

Der Doppio oder Caffè Doppio ist im Grunde ein doppelter Espresso. Man nehme also die doppelte Menge an Espressopulver und die doppelte Menge Wasser und schon hat man einen Doppio.

TIPPS UND TRICKS

Ein Espressotässchen reicht für den Doppio nicht mehr aus. Deshalb lieber gleich zu einer größeren Tasse greifen, bevor die Hälfte danebengeht.

Espresso

1 TL ESPRESSOPULVER
MIT 25 ML WASSER

Der normale Espresso wird in typischen Espressotassen, dicken Porzellantassen mit konischer Form und einem Fassungsvermögen von ca. 40 ml, serviert. Wurde alles richtig gemacht, ist auf dem Espresso eine zimtfarbene, fein melierte Schaumschicht, die Crema.

Was Sie vielleicht noch nicht wussten

Zum Espresso wird gerne ein Glas Wasser getrunken, weil sich das Gerücht hält, dass der Espresso dem Körper besonders viel Wasser entziehe. Dabei ist längst wissenschaftlich bewiesen, dass die harntreibende Wirkung von Espresso und Kaffee allgemein nicht größer ist als die von Wasser!

Espresso con Panna

SCHLAGSAHNE

SAHNE NACH
BELIEBEN

1 ESPRESSO

Ein normaler, klassischer Espresso wird mit einer leckeren Schlagsahnehaube „gekrönt". Wer mag, kann das Ganze noch mit Kakaopulver bestäuben und nach Belieben kalte, flüssige Sahne hinzufügen. Serviert wird der Espresso con Panna stilecht im Espressotässchen.

Was Sie vielleicht noch nicht wussten
Früher gab es Espresso nur in Bars, wo das ausgefallene Getränk „ausdrücklich" (ital. „espresso") bestellt und für den Gast zubereitet werden musste.

Espresso Macchiato

MILCHSCHAUM

1 ESPRESSO

Den Espresso in die Espressotasse geben, etwas Milch aufschäumen und mit einem Löffel dem Espresso das Milchschaum-häubchen aufsetzen.

Was Sie vielleicht noch nicht wussten
Espresso Macchiato bedeutet so viel wie „Gefleckter Espresso", also ein Espresso mit einem weißen „Fleck" (ital. „macchia"). In Italien ist er sehr beliebt, bei uns bis jetzt praktisch unbekannt.

Iced *Espresso*

GROB ZERSTOSSENES EIS

1 DOPPELTER ESPRESSO

Damit behält man an heißen Tagen einen kühlen Kopf. Der Iced Espresso wird normalerweise nicht aus der bekannten Espressotasse, sondern aus einem Espressoglas getrunken. Das zerstoßene Eis kommt zuerst in das Glas und dann wird mit dem doppelten Espresso aufgefüllt.

Natürlich kann man den Iced Espresso auch mit einem einfachen Espresso zubereiten.

Espresso *Lungo*

50 ML WASSER

1 TL ESPRESSOPULVER

Der Espresso Lungo ist ein Espresso, der mit der doppelten Menge Wasser zubereitet wird. Deshalb ist das Espressotässchen bis oben hin gefüllt.

Was Sie vielleicht noch nicht wussten
Durch die doppelte Wassermenge wird der Lungo weniger stark und aromatisch als der normale Espresso. Dadurch schmeckt er so ähnlich wie der typische Kaffee, den man in Deutschland trinkt.

Latte *Macchiato*

MILCHSCHAUM

1 ESPRESSO

200 ML HEISSE MILCH

Der Latte Macchiato soll aus drei Schichten bestehen, die sich möglichst wenig miteinander vermischen: ganz unten die heiße Milch, in der Mitte der Espresso und obendrauf der Milchschaum.

Und das geht so: 200 ml Milch werden auf 60 °C erhitzt, aufgeschäumt und eine Minute beiseitegestellt, damit sich der Schaum absetzen kann. Jetzt werden Milch und Schaum in ein hohes, schmales Glas gegossen. Zum Schluss kommt dann der Espresso dazu, den man ganz vorsichtig in das Glas gießen muss, damit sich die Schichten bilden können. Jetzt noch, wenn man möchte, ein bisschen Kakaopulver darüberstreuen, einen langstieligen Löffel in das Glas stellen und den Latte Macchiato genießen.

Was Sie vielleicht noch nicht wussten

Der Espresso schwimmt deshalb auf der Milch, weil Milch eine höhere Dichte als Kaffee hat. Das funktioniert aber nur, wenn der Espresso mindestens genauso heiß ist wie die Milch, sonst drehen sich die Dichteverhältnisse um und die Milch schwimmt oben.

TIPPS UND TRICKS

Um drei perfekte Schichten im Latte Macchiato hinzubekommen, gibt es einen kleinen Trick: Den Espresso ganz langsam über den Rücken eines Teelöffels in das Glas gießen, sodass der Espresso sachte in den Milchschaum eintaucht und seinen Platz zwischen der Milch und dem Schaum einnimmt.

Mischio

LEICHT GESCHLAGENE
SAHNE

1 TEIL WARMER
KAKAO

1 TEIL WARMER
KAFFEE

Der Mischio setzt sich aus 50 % Kaffee und 50 %
Kakao zusammen. Auf die fertige Kaffee-Kakao-
Mischung kommt zum Schluss eine Haube aus
leicht geschlagener Sahne und nach Belieben ein
wenig Kakaopulver oder ein paar Schokoraspel.

TIPPS UND TRICKS

Die Milch und der Kakao sollten nicht zu heiß
sein, wenn Sie die Sahne daraufsetzen. Sie zer-
fließt sonst viel zu schnell.

Ristretto oder Caffè Corto

1 TL ESPRESSOPULVER
MIT 15 ML WASSER

Der „kurze" Espresso hat es in sich: Bei derselben Menge an
Espressopulver werden nur maximal $2/3$ der üblichen Wassermenge durch das Kaffeepulver gepresst. So wird der Ristretto
stark, intensiv und sehr aromatisch.

Was Sie vielleicht noch nicht wussten
Je weiter man in den Süden geht, desto weniger Wasser wird
für einen Espresso verwendet, d. h. je südlicher, desto „kürzer" werden die Espressi getrunken.

Almkaffee

FLÜSSIGE SCHLAGSAHNE
125 ML KAFFEE
1 EIGELB
2,5 CL RUM
2 TL ZUCKER

Das Eigelb, den Rum und den Zucker verrührt man miteinander und gibt dann den heißen Kaffee darüber. Mit einem kleinen Schneebesen wird alles gut verquirlt und dann in Kaffeetassen gefüllt. Einen Schuss flüssige Sahne darübergeben und sofort servieren!

Variante

Mann kann die flüssige Sahne auch separat zum Almkaffee servieren, damit sich jeder so viel Sahne eingießen kann, wie er möchte.

Biedermeier

SCHLAGSAHNE
1 TEIL STARKER KAFFEE
2 CL BIEDERMEIERLIKÖR

Für den Biedermeier brauchen Sie eine große Tasse mit doppeltem Volumen. Zuerst kommt der Kaffee hinein, dann der Likör und zum Schluss die Haube aus Sahne.

TIPPS UND TRICKS

Biedermeierlikör ist außerhalb Österreichs eher selten zu finden. Aber man kann ihn ganz leicht selbst mischen: einfach Eierlikör mit Aprikosenaroma abschmecken.

Brauner, klein oder groß

MILCH ODER SAHNE

1 ESPRESSO

Der kleine Braune ist ein Espresso, dem so viel Milch oder Sahne hinzugefügt wird, wie man möchte. Deshalb wird die Milch bzw. die Schlagsahne in einem Extra-Kännchen serviert.

Variante

Der große Braune ist ganz einfach ein doppelter Espresso mit Milch oder Sahne nach Belieben.

Einspänner

WENIGER ALS 1 TEIL
SCHLAGSAHNE

MEHR ALS 1 TEIL
STARKER KAFFEE

Der Einspänner ist eine typisch österreichische Kaffeespezialität. Im Henkelglas serviert, gibt man auf den Kaffee noch eine sehr große Portion Schlagsahne und bestäubt das Getränk mit Puderzucker.

Was Sie vielleicht noch nicht wussten

Der Einspänner wurde angeblich von den Wiener Kutschfahrern, den Fiakern, erfunden. Daher auch das Henkelglas, denn die Fiaker hatten nur eine Hand frei zum Trinken, mit der anderen mussten sie die Zügel halten. Angeblich war der Einspänner das Lieblingsgetränk des Komponisten Ludwig van Beethoven.

TIPPS UND TRICKS

Puderzucker lässt sich ganz einfach einfärben: Ein paar Tropfen Lebensmittelfarbe mit dem Zucker vermengen, bis eine gleichmäßige Färbung entsteht.

Fiaker

1 TEIL STARKER KAFFEE
1 CL RUM ODER COGNAC

Der Fiaker wird wie der Einspänner im Henkelglas getrunken, damit die Fahrer der berühmten Wiener Kutschen eine Hand für die Zügel frei haben. In den Kaffee einfach einen Schuss Rum oder Cognac geben – fertig ist der Fiaker.

Variante

Oft wird der Fiaker wie der Einspänner auch mit einer schönen Schlagsahnehaube gekrönt.

Franziskaner

Espresso und Milch werden im Verhältnis 1:1 in ein Henkelglas gegeben und mit Schlagsahne sowie Schokoladenstreuseln gekrönt.

Was Sie vielleicht noch nicht wussten

Die Österreicher haben für den Espresso einen eigenen Begriff, den „kleinen Schwarzen". Wundern Sie sich also nicht, dass Sie einen verständnislosen Blick ernten, wenn Sie bei einem österreichischen Kellner einen Espresso bestellen.

SCHLAGSAHNE
UND SCHOKORASPEL

1 TEIL WARME
MILCH

1 ESPRESSO

Häferlkaffee

3–5 EL MALZ-
KAFFEEPULVER

6–8 EL BOHNEN-
KAFFEEPULVER

1 L WASSER

Der Häferlkaffee wird in einem Topf gekocht und ist für eine ganze Kanne gedacht. Das Wasser wird mit dem Bohnen- und dem Malzkaffee langsam erhitzt. Wenn die Kaffeemischung zwei Mal aufgewallt ist, schreckt man sie mit 2–3 Esslöffeln kaltem Wasser ab und lässt sie zugedeckt einige Minuten stehen, damit sich der Kaffeesatz absetzt. Dann wird das Ganze in die Kaffeekanne abgeseiht.

TIPPS UND TRICKS

Etwas aufgeschäumte Milch, in einem extra Kännchen serviert, passt sehr gut dazu.

Kapuziner

SCHLAGSAHNE

1 TEIL HEISSE MILCH

1 ESPRESSO LUNGO

Auf den Espresso Lungo wird dieselbe Menge heiße Milch gegeben und mit einer Schlagsahnehaube sowie nach Belieben mit Kakaopulver garniert.

Was Sie vielleicht noch nicht wussten

Häufig gilt der Kapuziner als der Vorgänger des Cappuccino. Die kalorienreiche Schlagsahne wurde dabei einfach durch den heute so beliebten Milchschaum ersetzt.

Kaisermelange

1 EL ZUCKER BZW. HONIG
¼ TASSE HEISSE MILCH
1 EIGELB
¼ TASSE STARKER KAFFEE
2 CL COGNAC

Der Cognac, das Eigelb und der Zucker bzw. Honig werden miteinander schaumig gerührt und dann in eine große Kaffeetasse gegossen. Dann wird nur noch mit dem Kaffee und der Milch aufgefüllt.

Was Sie vielleicht noch nicht wussten
Die Kaisermelange soll eine stärkende Wirkung haben und wird daher auch Kranken oder als Muntermacher empfohlen.

Kaffee verkehrt

Ein Kaffeegetränk, das mehr Milch als Kaffee enthält, ist nach Meinung der Österreicher einfach „verkehrt". Deshalb haben sie der traditionell servierten großen Schale mit heißer, aufgeschäumter Milch, in die etwas Espresso gegossen wird, diesen lustigen Namen verpasst. Der Milchschaum sollte dabei nur ein Viertel der aufgeschäumten Milch einnehmen.

Was Sie vielleicht noch nicht wussten
Verkehrt ist eben verkehrt, deshalb wird der Kaffee verkehrt in den österreichischen Kaffeehäusern auch verkehrt herum serviert, also mit der Milch in der Tasse und dem Espresso in einem extra Kännchen.

⅓ AUFGESCHÄUMTE HEISSE MILCH
⅓ ESPRESSO

Maria Theresia

BUNTE STREUSEL

SCHLAGSAHNE

1 KLEINER GESTRECKTER MOKKA

2 CL ORANGENLIKÖR

2 TL FLÜSSIGER ZUCKER

Der Orangenlikör wird mit dem flüssigen Zucker vermischt, dann gibt man den heißen Mokka dazu und setzt eine Haube aus Schlagsahne darauf. Den krönenden Abschluss bilden die bunten Streusel auf der Schlagsahne. Serviert wird das Ganze in einem speziellen Kaffeeglas mit Stiel.

Mozartkaffee

MANDELSPLITTER

SCHLAGSAHNE

1 GROSSER MOKKA

2 CL CHERRY-BRANDY

Zu dem Mokka gibt man einen Schuss Cherry-Brandy und setzt dem Ganzen nach Wunsch noch eine Schlagsahnehaube mit leckeren Mandelsplittern auf.

Mokka, klein oder groß

Der kleine Mokka wird nach alter Tradition schwarz in einer Mokkatasse serviert. Er kann als Aufguss, in der Espressomaschine oder auf traditionelle Art zubereitet werden.

Wer die traditionelle Zubereitungsart ausprobieren möchte, geht wie folgt vor: Pro Tasse werden zwei gestrichene Teelöffel Mokkapulver, ein Teelöffel Zucker und Wasser in einem kleinen Kännchen drei Mal aufgekocht und anschließend ungefiltert serviert. Wer den Mokka nach türkischer Tradition zubereiten möchte, gibt noch etwas Rosenwasser hinzu. Bei der arabischen Zubereitung wird generell auf den Zucker verzichtet und etwas Kardamom hinzugefügt.

Variante

Der große Mokka wird ganz einfach aus der doppelten Menge Kaffeepulver, Wasser und Zucker zubereitet.

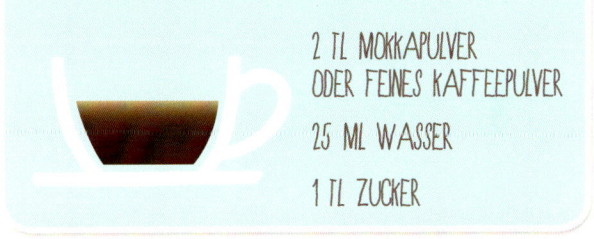

2 TL MOKKAPULVER
ODER FEINES KAFFEEPULVER

25 ML WASSER

1 TL ZUCKER

Was Sie vielleicht noch nicht wussten

Der traditionell zubereitete Mokka holt pro Tasse aus den Kaffeebohnen die größte Menge an Koffein heraus, die man aus Kaffeebohnen gewinnen kann. Dabei werden natürlich auch Gerb- und Schadstoffe freigesetzt.

Obermayer

FLÜSSIGE UND SEHR
KALTE SAHNE

1 TEIL KAFFEE

Der Kaffee wird in eine Kaffeetasse gefüllt. Dann wird die gekühlte Sahne über einen verkehrt herum gehaltenen Kaffeelöffel langsam auf die Kaffeeoberfläche gegossen. Man trinkt den Obermayer somit durch die kalte Schlagsahne hindurch.

Piccolo

SCHLAGSAHNE

1 KLEINER MOKKA

Den Piccolo herzustellen ist ganz einfach: Den Mokka in die Tasse geben und ein bisschen Schlagsahne dazu – fertig.

Variante
Man nehme einen großen Mokka und etwas Schlagsahne und schon hat man den „großen Bruder" vom Piccolo, den Konsul, in der Tasse.

Schwarzer, klein oder groß

25 ML WASSER
1 TL KAFFEEPULVER

Der kleine Schwarze ist dasselbe wie ein einfacher Espresso ohne Milch und wird in kleinen Kaffeetässchen serviert.

TIPPS UND TRICKS

Kaffeegenuss lässt sich wunderbar durch eine kleine Süßigkeit, z.B. ein Stück Schokolade, ein Gebäckteilchen oder Konfekt, abrunden.

Verlängerter

Der Verlängerte ist im Grunde die österreichische Bezeichnung für den italienischen Lungo. Auf die Kaffeepulvermenge für einen einfachen Espresso wird die Wassermenge für einen doppelten Espresso gegeben und das Ganze in einer Kaffeetasse serviert.

TIPPS UND TRICKS

So geht's auch: Einen einfachen Espresso in einer normalen Kaffeetasse zubereiten und separat ein Kännchen mit heißem Wasser dazu servieren. Dann kann jeder selbst bestimmen, mit wie viel Wasser er seinen Kaffee verlängern will.

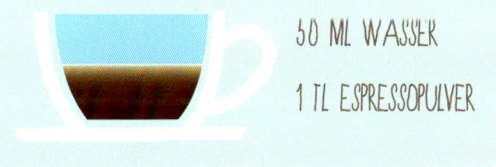

50 ML WASSER
1 TL ESPRESSOPULVER

Weißer mit Haut

1 TEIL HEISSE MILCH

1 TEIL MILCHKAFFEE
(HALB MILCH, HALB
KAFFEE)

Eine so genannte „lichte Melange", also ein heller Milchkaffee, wird mit heißer, nicht verquirlter Milch in einer Kaffeetasse serviert, woraufhin sich eine Haut auf der Oberfläche bildet.

Wiener Melange

EVENTUELL
SCHLAGSAHNE

⅛ L AUFGESCHÄUMTE
MILCH

⅛ L KAFFEE

Bei der Wiener Melange mischt man Kaffee und aufgeschäumte Milch zu gleichen Teilen und gibt nach Belieben noch etwas Kakaopulver obendrauf. Auf Wunsch wird die Melange auch mit einer Schlagsahnehaube serviert. Sie wird in großen Tassen oder dickwandigen Gläsern serviert.

Was Sie vielleicht noch nicht wussten
Als „Melange" – von franz. „mélanger" = mischen – bezeichnen die Österreicher Kaffees mit einer braun-goldenen Färbung, also Kaffees, die durch den Zusatz von z. B. Milch aufgehellt worden sind.

Wiener *Eiskaffee*

PUDERZUCKER

SCHLAGSAHNE

1 KUGEL VANILLEEIS

1 GROSSER,
KALTER MOKKA

Zuerst gibt man die Vanilleeiskugel in ein hohes Glas. Dann gießt man den Mokka darüber und krönt das Ganze mit einer Haube aus Schlagsahne, die mit Puderzucker bestäubt wird. Wer möchte, kann noch eine Eiswaffel dazu servieren.

Was Sie vielleicht noch nicht wussten

Der Wiener Eiskaffee hat eine lange Tradition. Es ist bekannt, dass er schon im Jahre 1790 von dem Kaffeesieder Milani als Kaffeespezialität angeboten wurde.

TIPPS UND TRICKS

Je besser das Vanilleeis, desto köstlicher ist natürlich auch der Wiener Eiskaffee. Deshalb sollten Sie am besten immer ganz genau beim Einkaufen hinschauen und ein Vanilleeis mit echter Bourbon-Vanille nehmen. Viele Vanilleeis-Sorten werden nämlich nicht mit echter Vanille hergestellt, sondern mit Vanillin aromatisiert.

Milchkaffee

1 TEIL HEISSE AUF-
GESCHÄUMTE MILCH

1 ESPRESSO

Der deutsche Milchkaffee ist eine 1:1-Mischung aus Espresso und aufgeschäumter Milch. Auch hier immer daran denken: Wenn man Milchschaum haben möchte, darf die Milch nicht auf mehr als 65 °C erhitzt werden. Außerdem sollte man die Milch nach dem Aufschäumen eine Minute stehen lassen, damit sich der Schaum absetzen kann. Dann kann man ihn ganz einfach mit einem Esslöffel auf den fertig gemischten Milchkaffee setzen.

Pharisäer

SCHLAGSAHNE

1 TL ZUCKER

1/8 L KAFFEE

2 CL JAMAIKA-RUM

In eine hohe Kaffeetasse gibt man den Rum, den Zucker und dann den Kaffee. Als Krönung noch die Schlagsahnehaube obendrauf. Ganz wichtig: Nicht umrühren, sondern den Kaffee durch die Sahne hindurch trinken!

Was Sie vielleicht noch nicht wussten

Der Legende nach wurde der Pharisäer im 19. Jahrhundert auf der nordfriesischen Insel Nordstrand erfunden, um in Gegenwart des Pastors einen Kaffee mit Schuss trinken zu können. Durch die Sahnehaube verdunstet der Rum nicht und man kann den Alkohol nicht riechen. Als der Pastor dahinterkam, soll er „Oh, ihr Pharisäer" ausgerufen haben und gab so dem Kaffeegetränk seinen Namen.

Rüdesheimer *Kaffee*

SCHKOLADENSTREUSEL
SCHLAGSAHNE
⅛ L KAFFEE
3 STÜCK WÜRFELZUCKER
2 CL WEINBRAND

In einer feuerfesten Tasse tränkt man den Würfelzucker mit dem gut vorgewärmten Weinbrand und zündet ihn mit einem langen Streichholz an. Das Ganze lässt man ca. 1 Minute lang brennen und rührt mit einem langen Barlöffel währenddessen um.

Gelöscht wird der flambierte Zucker mit dem Kaffee. Eine Schlagsahnehaube, die mit Vanillezucker steif geschlagen wurde, und ein paar Schokoladenstreusel krönen das Ganze.

Schwatten

1 TASSE SCHWACHER KAFFEE
2 CL LAUWARMER KORN

Der Schwatten oder Schwaten ist eine norddeutsche Kaffeespezialität. Zu einem schwachen Kaffee wird ein Schuss lauwarmer Korn hinzugefügt.

Variante
Den Schwatten kann man noch mit einer Schlagsahnehaube krönen.

TIPPS UND TRICKS
Wenn Sie keine Mikrowelle haben, um den Korn zu erwärmen, füllen Sie ihn in eine Soßenkelle und erwärmen ihn vorsichtig über einer offenen Flamme.

Café Crème

7 G KAFFEEBOHNEN

125 ML WASSER

Der Café Crème wird aus frisch gemahlenen Kaffeebohnen in einem Vollautomaten nach Espressoart zubereitet. So bekommt der Kaffee eine leckere Crema wie ein Espresso. Aufgrund der größeren Flüssigkeitsmenge nimmt man für den Café Crème aber kein Espressotässchen, sondern eine Kaffeetasse.

TIPPS UND TRICKS

Den Café Crème in einer Kaffeemaschine zuzubereiten, ist nicht zu empfehlen, weil dann der Kaffee viel länger aufgebrüht wird als in einem Vollautomaten. Dadurch wird der Kaffee wesentlich bitterer.

Café Mélange

KAFFEEBOHNEN

SCHLAGSAHNE

1 KAFFEE

Der schweizerische Café Mélange ist ein normaler Kaffee, der mit einer Schlagsahnehaube und einer Kaffeebohne gekrönt wird. Oft wird die Schlagsahne auch in einem separaten Kännchen serviert, damit sich jeder selbst so viel Sahne in den Kaffee gießen kann, wie er möchte.

Kaffee fertig

⅔ DÜNNER KAFFEE

4 CL KIRSCHSCHNAPS
ODER TRÄSCH

Den Kaffee fertig trinken die Schweizer aus einem Kaffeeglas. Das Glas wird zu ²/₃ mit dünnem Kaffee gefüllt und der Schnaps wird daraufgegossen. Dann wird der Kaffee fertig wie ein Grog getrunken.

Was Sie vielleicht noch nicht wussten
Kaffee fertig wird auch Kaffee Träsch genannt. Er geht auf die Zeit eines Trink- und Brennverbotes von Schnaps in der Schweiz zurück, als man den Schnaps einfach als Kaffee tarnte.

Luzerner *Kaffee*

100 ML SEHR
DÜNNER KAFFEE

2–3 STÜCK WÜRFELZUCKER

1 GLAS TRÄSCH

Die Zuckerwürfel kommen in ein Kaffeeglas, das mit dem Kaffee aufgefüllt wird. Anschließend wird noch der Träsch hinzugefügt. Zum Schluss soll der Luzerner Kaffee die Farbe eines mittelstarken Tees haben.

Was Sie vielleicht noch nicht wussten
Träsch ist ein Schnaps aus Birnen und manchmal auch Äpfeln, der bis zu 78 Volumen-% Alkohol enthalten kann. Er ist vor allem in der Zentralschweiz sehr beliebt, wo auch der Kaffee Träsch sehr gerne getrunken wird.

Café au Lait

200 ML HEISSE MILCH

1–2 ESPRESSI

Der Klassiker ist der Café au Lait. Er wird in einer „bol", einer Tasse ohne Henkel, serviert. Espresso und Milch werden in der Bol gemischt.

Variante

Immer häufiger wird der klassische Café au Lait mit Milchschaum getrunken. Das Mischungsverhältnis bleibt dabei gleich.

Café Brûlot

Zimt, Nelken, Orangen- und Zitronenschalen sowie der Zucker kommen zusammen mit dem Cognac zum Erhitzen in einen feuerfesten Topf. Nicht aufkochen lassen! Hat sich der Zucker aufgelöst, nimmt man den Topf vom Herd und zündet die Alkoholmischung mit einem langen Streichholz vorsichtig an. Solange sie brennt, wird mit einem langen Barlöffel umgerührt. Erlischt die Flamme, gibt man nach und nach den Kaffee dazu, rührt das Ganze nochmals um und gießt die Kaffeemischung ganz vorsichtig – Achtung, das Getränk brennt noch! – durch ein Sieb in eine Tasse ab. Wer mag, kann noch eine Schlagsahnehaube auf den Brûlot setzen.

Variante

Probieren Sie statt Cognac auch mal einen Brûlot mit Wodka – russisch, würzig, gut.

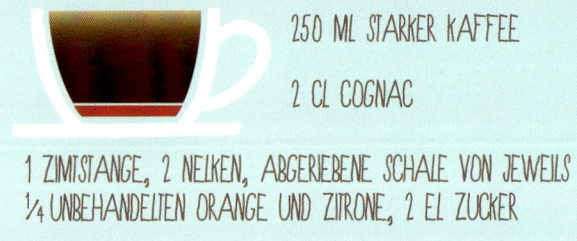

250 ML STARKER KAFFEE

2 CL COGNAC

1 ZIMTSTANGE, 2 NELKEN, ABGERIEBENE SCHALE VON JEWEILS ¼ UNBEHANDELTEN ORANGE UND ZITRONE, 2 EL ZUCKER

Café Crème

1 TEIL SCHLAGSAHNE

1 TEIL KAFFEE

Die Franzosen trinken ihren Café Crème etwas anders als die Schweizer. In Frankreich setzt er sich jeweils zur Hälfte aus Kaffee und Schlagsahne zusammen, d. h., man gibt den Kaffee in die Tasse und setzt nochmal dieselbe Menge an Schlagsahne obendrauf.

Variante

Die Schlagsahne kann man auch durch leckere, leicht aufgeschäumte Milch ersetzen. Schmeckt fast genauso gut und ist dazu noch viel kalorienärmer.

Café Filtre

HEISSES WASSER

KAFFEEPULVER

KAFFEEFILTER UND FILTERPAPIER

Beim Café Filtre wird der Kaffeefilter direkt auf die Tasse oder Kanne gesetzt. Je nachdem, ob Sie sich nur eine Tasse Kaffee machen oder für eine ganze Kaffeerunde kochen möchten, geben Sie mehr oder weniger Kaffeepulver in den Kaffeefilter. Jetzt wird der Filter auf das Gefäß gesetzt und so lange heißes Wasser darübergegossen, bis die gewünschte Menge Kaffee erreicht wird.

Café Fouetté

MANDELN UND ETWAS RUM

SCHLAGSAHNE

1 TASSE STARKER, KALTER KAFFEE

Der Kaffee kommt in eine Kaffeetasse, wird mit einer Schlagsahnehaube gekrönt, mit ein paar Tropfen Rum beträufelt und mit Mandeln garniert.

Was Sie vielleicht noch nicht wussten

Die Stärke eines Kaffees hängt von der Kaffeesorte und der Brühdauer ab. Filterkaffee wird ca. 2–3 Minuten lang aufgebrüht, Espresso hingegen nur 25 Sekunden.

Café Frappé

½ TL ZUCKER

EISWÜRFEL

½ GLAS KALTES WASSER

1 GEHÄUFTER TEELÖFFEL INSTANTKAFFEE

Alle Zutaten werden mit dem Pürierstab oder im Mixer so lange verquirlt, bis sich reichlich Schaum gebildet hat. Getrunken wird der Café Frappé aus einem hohen Glas mit Strohhalm.

Variante

Gerne wird der Café Frappé auch mit Milch oder als Eiskaffee mit einer Kugel Vanilleeis getrunken. Je nach Geschmack kann man auch einen Schuss Amaretto, Baileys oder anderen Likör hinzufügen.

Café Nature

1 TASSE KAFFEE

Ein normaler Filterkaffee, der „nature", also schwarz ohne Milch getrunken wird.

Was Sie vielleicht noch nicht wussten
Warum macht Kaffee eigentlich wach? Das Koffein im Kaffee blockiert im Körper den Botenstoff Adenosin, der uns schläfrig macht. Deshalb wirkt Kaffee aufmunternd, und zwar nicht nur körperlich, sondern auch psychisch, denn er hat auch eine leicht antidepressive Wirkung.

Canard

1 TASSE KAFFEE

2 CL MARC
(TRAUBENSCHNAPS)

1 ZUCKERWÜRFEL

Beim Canard träufelt man ein paar Tropfen von dem Traubenschnaps auf den Zuckerwürfel, sodass sich dieser damit vollsaugt. Den restlichen Schnaps gibt man zum Kaffee in die Tasse. Wer möchte, kann seinem Canard noch eine Schlagsahnehaube aufsetzen. Dann legt man sich den getränkten Zuckerwürfel auf die Zunge und trinkt den Kaffee darüber.

Variante
Der Canard kann auch zusätzlich mit Milch verfeinert werden.

Was Sie vielleicht noch nicht wussten
Der Marc gehört zu den Tresterbränden. Er wird aus vergorenem Traubentrester, also aus den Rückständen der Weinmaische, wie z. B. Stängeln, Schalen und Kernen, destilliert.

Barraquito

¼ MILCHSCHAUM

½ HEISSER ESPRESSO

¼ KONDENSMILCH

2 CL LICOR 42 ODER TIA MARIA

1 STÜCK UNBEHANDELTE ZITRONENSCHALE UND ZIMT

Den Barraquito trinkt man aus einem Espressoglas, in das man zuerst die Kondensmilch, dann den Espresso mit dem Schuss Likör und dann die Zitronenschale gibt. Etwas Milch aufschäumen und mit einem Esslöffel Milchschaum auf den Barraquito setzen. Wenn man alles richtig gemacht hat, sind 3 Schichten aus der Kondensmilch, dem Espresso und dem Milchschaum entstanden. Zum Schluss kann man das Ganze mit Zimt bestreuen.

Bombón

ETWAS KONDENSMILCH

1 ESPRESSO

In einem Kaffeeglas gibt man zu der Kondensmilch den Espresso. Die Milch- und die Kaffeeschicht sollten klar zu erkennen sein. Erst kurz, bevor man ihn trinken möchte, wird der Bombón umgerührt.

Variante
Der Bombón schmeckt auch mit einer Haube aus Milchschaum sehr gut.

Café Americano

1 TEIL HEISSES WASSER

1 ESPRESSO

In einer normalen Kaffeetasse gibt man zu dem Espresso das heiße Wasser dazu. (Gibt man das heiße Wasser gleich mit in die Espressomaschine, schmeckt der Café fade.)

Was Sie vielleicht noch nicht wussten
Kaffeebohnen lagert man am besten in luftdichten Behältern. Die Behälter sollte man im Kühlschrank aufbewahren. So „altert" der Kaffee nicht so schnell.

Café con Hielo

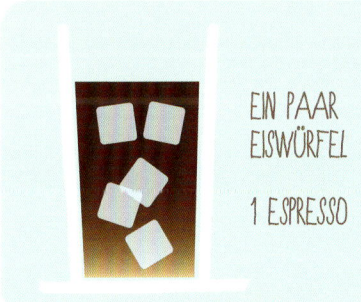

EIN PAAR EISWÜRFEL

1 ESPRESSO

Die Eiswürfel gibt man in ein Longdrinkglas und gießt dann den Espresso über die Eiswürfel.

TIPPS UND TRICKS
Bei Kaffeegetränken, die mit Eiswürfeln getrunken werden, ist es wichtig, dass man für die Eiswürfel sauberes Wasser verwendet, denn beim Gefrieren von Wasser werden Keime nicht abgetötet.

Café de Olla

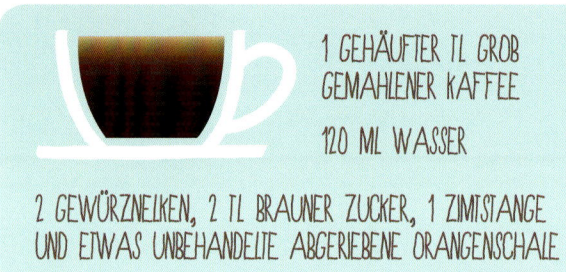

1 GEHÄUFTER TL GROB
GEMAHLENER KAFFEE

120 ML WASSER

2 GEWÜRZNELKEN, 2 TL BRAUNER ZUCKER, 1 ZIMTSTANGE
UND ETWAS UNBEHANDELTE ABGERIEBENE ORANGENSCHALE

Der Café de Olla ist eine mexikanische Kaffeespezialität. Für die Zubereitung braucht man ein
Kupferkännchen, in dem zunächst 100 ml Wasser
zum Kochen gebracht werden. Dann wird die
Temperatur heruntergeschaltet und man gibt den
Kaffee, die Nelken, den Zucker, den Zimt und die
Orangenschale dazu. Jetzt lässt man das Ganze
5 Minuten köcheln, gibt 20 ml Wasser dazu und
nimmt das Kännchen vom Herd. Nochmals gut
zugedeckt 5 Minuten ziehen lassen, durch ein Sieb
abgießen und in einer Esspressotasse servieren.

Café solo

1 ESPRESSO

Der kleine Schwarze aus Spanien.
Die spanische Version des einfachen
Espresso wird aus schweren, stabilen
Porzellantassen getrunken.

Carajillo

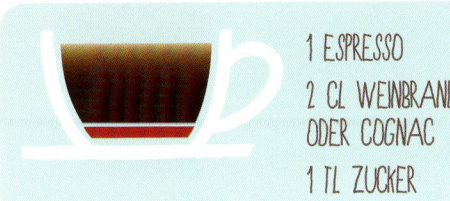

1 ESPRESSO
2 CL WEINBRAND
ODER COGNAC
1 TL ZUCKER

Den Zucker und den Weinbrand in einem kleinen, feuerfesten Glas miteinander verrühren und mit einem langen Streichholz vorsichtig anzünden. Dann löscht man die Flamme mit dem Espresso und serviert den Carajillo möglichst heiß.

Variante

In Spanien wird der Carajillo traditionell auch gerne mit Anislikör anstelle des Weinbrands getrunken.

Cortado

SEHR WENIG
HEISSE MILCH

1 ESPRESSO

Der Cortado ist sozusagen der kleine spanische Milchkaffee im Glas, also ein mit einem Schuss heißer Milch „verschnittener" (span. „cortado") Espresso, den der Spanier aus einem kleinen Kaffeeglas trinkt.

Variante

Vom Cortado gibt es verschiedene Varianten: Man kann ihn z. B. auch mit aufgeschäumter oder gesüßter Milch zubereiten. Als Cortado leche y leche („Milch und Milch") werden ihm sowohl gesüßte Kondensmilch als auch erhitzte normale Milch hinzugefügt.

Kreative *Getränke* & *Leckereien*

Kaffee kann man auch ganz anders zubereiten – mit oder ohne „Schuss", eisgekühlt oder heiß, mit Zusätzen wie Speiseeis, Sirup usw. Eine Vielzahl an Rezepten zeigt, dass sich mit Kaffee auch köstliche süße und herzhafte Gerichte zaubern lassen.

Kaffee-Likör

Zutaten für ca. 700 ml:
1 Vanillestange
5 EL Kaffeebohnen
500 ml 40%iger Wodka
3 EL Kandiszucker

Zubereitung:

1. Die Vanillestange längs halbieren. Die Kaffeebohnen und die Vanillehälften in ein gut verschließbares Glasgefäß geben und den Wodka daraufgießen.

2. Den Ansatz ca. 8 Wochen an einem dunklen Ort ziehen lassen und gelegentlich schütteln.

3. Nach dieser Zeit den Ansatz abfiltern. 200 ml Wasser in einem Topf erhitzen, den Kandiszucker darin auflösen und erkalten lassen.

4. Den Kaffeelikör mit dem Kandiswasser vermischen und anschließend in Glasflaschen abfüllen.

Irish *Coffee*

Zutaten für 1 Glas:

2 TL Zucker
4 cl erwärmter Whisky
$\frac{1}{8}$ l schwarzer, heißer Kaffee
100 g süße Sahne

Zubereitung:

1. Zuerst den Zucker in das Glas geben, anschließend den erwärmten Whisky darübergießen.

2. Mit einem langstieligen Streichholz vorsichtig den Whisky anzünden und mit dem Kaffee die Flamme löschen.

3. Die Sahne leicht schlagen, bis sie cremig ist. Als Sahnehaube auf den Kaffee geben und dann sofort servieren.

TIPP:
Um den Irish Coffee stilecht zu servieren, brauchen Sie ein spezielles Irish-Coffee-Glas.

Nugatiato

Zutaten für 4 Gläser:

700 ml fettarme Milch
4 gehäufte EL Nuss-Nugat-Creme
4 starke, frisch zubereitete Espressi

Zum Garnieren:

Kakaopulver zum Bestäuben

Zubereitung:

1. 300 ml Milch mit der Nuss-Nugat-Creme kurz aufkochen lassen und die Nuss-Nugat-Milch auf 4 Latte-Macchiato-Gläser verteilen.

2. Die restlichen 400 ml Milch erwärmen, luftig-locker aufschäumen und den Milchschaum auf die Gläser verteilen.

3. Jeweils einen Espresso langsam über den Löffelrücken am Glasrand einschichten, sodass drei Schichten entstehen. Nach Wunsch mit etwas Kakaopulver bestäubt servieren.

Marshmallow-Kaffee-Shake

Zutaten für 2 Gläser:
2 EL Karamellsirup
½ Tasse kalter Kaffee
½ Tasse Marshmallow-Creme
4 Kugeln Vanilleeis

Zum Garnieren:
200 ml süße Sahne
Karamellsirup
Schoko-Kaffeebohnen
Karamellstückchen

Zubereitung:

1. Mit einem Teelöffel den Karamellsirup an der Innenseite der Gläser herunterlaufen lassen. Die Gläser beiseitestellen.

2. Den Kaffee, die Marshmallow-Creme und das Eis in einen Mixer geben und cremig mixen. Den Shake in die beiden Gläser füllen.

3. Die Sahne steif schlagen. Auf den Shake zuerst etwas Karamellsirup träufeln, dann die geschlagene Sahne daraufgeben und zum Schluss mit den Schoko-Bohnen und den Karamellstückchen garnieren.

Eiskaffee

Zutaten für 1 Glas:

200 ml kalter Kaffee
1 Päckchen Vanillezucker
100 ml süße Sahne
1 Kugel Mokkaeis

Zum Garnieren:

etwas Karamellsoße
Kakaopulver zum Bestäuben

Zubereitung:

1. Den Kaffee mit dem Vanillezucker vermischen. Die Sahne steif schlagen.

2. Das Eis in ein Glas geben, den Kaffee darübergießen und mit der geschlagenen Sahne krönen. Etwas Karamellsoße darüberträufeln und mit dem Kakaopulver bestäubt servieren.

Espresso-Smoothie

Zutaten für 1 Glas:

1 gefrorene Banane
1 EL Chia-Samen
125 ml Kokosnusswasser
1 EL Kakaopulver
1 kalter Espresso

Zum Garnieren:

Schokoladen- und Kokosnussraspel

Zubereitung:

1. Die Banane, die Chia-Samen, das Kokosnusswasser, das Kakaopulver und den Espresso in einen Mixer geben und gut durchmixen.

2 Den fertigen Espresso-Smoothie in ein hohes Glas gießen, mit den Schokoladen- und Kokosnussraspeln garnieren und noch kalt genießen.

Kaffee-Kirsch-Bowle

Zutaten für 1 Bowleschüssel:

100 g Kaffeebohnen
1 Flasche Rotwein
300 ml Kirschlikör
1 Päckchen Vanillezucker
6 EL Zucker
1 Glas Sauerkirschen mit Saft

Zubereitung:

1. Die Kaffeebohnen in die Schüssel geben, den Rotwein darübergießen und ca. 1 Tag ziehen lassen.

2. Die Bohnen absieben und den Sud auffangen. Mit dem Kirschlikör, dem Vanillezucker, dem Zucker und den Sauerkirschen mit Saft vermischen und servieren.

Espresso Martini

Zutaten für 1 Glas:

40 ml Wodka
20 ml Kahlúa
10 ml Crème de Cacao
20 ml Espresso
Eiswürfel
Kaffeebohnen

Zubereitung:

1. Den Wodka, den Kahlúa, den Crème de Cacao, den Espresso und ein paar Eiwürfel in einem Cocktailshaker gut durchschütteln.

2. In ein Martiniglas gießen und nach Belieben mit einigen Kaffeebohnen garnieren.

Cola-*Kaffee*

Zutaten für 2 Gläser:
150 ml kalter Kaffee
150 ml Cola
Eiswürfel
100 ml süße Sahne

Zum Garnieren:
Kakao- oder Kaffeepulver

Zubereitung:
1. Den Kaffee in die Gläser füllen, die Cola und die Eiswürfel zugeben. Die Sahne leicht anschlagen, dann über den Kaffee-Cola-Mix gießen.

2. Eventuell mit Kakao und Kaffee bestreuen und sofort servieren.

Minz-Mokka

Zutaten für 1 Tasse:
1 ½ EL Pfefferminz-Sirup
1 Kaffee
2 EL Kakaopulver
3 EL Milch

Zum Garnieren:
geschlagene Sahne
zerstoßene Pfefferminzstangen

Zubereitung:
1. Den Pfefferminz-Sirup in den Kaffee geben und beides miteinander vermischen. Das Kakaopulver dazugeben und umrühren, bis sich das Pulver aufgelöst hat.

2. Zum Schluss noch einen Schuss Milch dazugeben. Mit einer Haube aus Schlagsahne krönen und mit zerstoßenen Pfefferminz-stangen garnieren.

Tiramisu mit Beeren

Zutaten für 4 Personen:

150 g Aachener Printen
50 ml Espresso
1 Karambole (Sternfrucht)
250 g Mascarpone
250 g Joghurt
200 g Beeren (frisch oder TK)
50 g Schokoladenraspel

Zubereitung:

1. Die Aachener Printen zerkleinern, mit Espresso beträufeln und ca. 5 Minuten ziehen lassen. Die Karambole waschen und in Scheiben schneiden.

2. Den Mascarpone mit dem Joghurt verrühren, abwechselnd mit den Printen in Gläser schichten und kalt stellen. Vor dem Servieren mit den Beeren, den Karambolenscheiben und den Schokoladenraspeln garnieren.

Kaffee-*Granita*

Zutaten für 4 Personen:

4 EL Zucker
1 l starker, heißer Kaffee
100 ml süße Sahne

Zubereitung:

1. Den Zucker im Kaffee auflösen und abkühlen lassen. In
   eine flache Form geben und
   ca. 3–4 Stunden in den Gefrierschrank stellen.

2. Während der Gefrierzeit
   mehrmals mit einer Gabel
   gut durchmischen, sodass
   eine grob gekörnte Kaffee-
   Eismasse entsteht.

3. Die Masse in 4 Gläser füllen.
   Die Sahne steif schlagen und
   auf die Granita verteilen.
   Nach Wunsch mit Kaffeebohnen und Cantuccini garniert servieren.

TIPP:

Besonders lecker wird
die Granita, wenn Sie die
Sahne aromatisieren, z. B.
mit 1 Msp. Kardamom oder
1 El Rum.

Kaffee-
Meringen

Zutaten für 4 Portionen:
2 Eiweiß
1 TL Zitronensaft
150 g Zucker
1 Päckchen Vanillezucker
1 ½ TL Instant-Espressopulver
½ TL Kakaopulver

Für den Belag:
125 g frische Himbeeren
250 ml süße Sahne
1 Päckchen Vanillezucker

Zum Garnieren:
30 g Zartbitterschokolade
Minzeblättchen

Zubereitung:

1. Die Eiweiße mit dem Zitronensaft in einer hohen, fettfreien Rührschüssel mit den Quirlen des Handrührgerätes schaumig schlagen. Den Zucker esslöffelweise zum Eiweiß geben und sehr steif schlagen. Den Vanillezucker, das Espresso- und das Kakaopulver mischen, zum Eischnee geben und unterrühren.

2. Ein Backblech mit Backpapier belegen. Die Meringenmasse in einen Spritzbeutel mit großer Tülle füllen und 6 kleine Meringeböden (Ø 8 cm) auf das Backpapier spritzen. Im vorgeheizten Backofen bei 100 °C (Umluft: 80 °C) ca. 3 Stunden backen.

3. Die Schokolade hacken und in einer kleinen Schüssel über heißem Wasserdampf schmelzen. Die flüssige Schokolade in einen kleinen Gefrierbeutel füllen. Eine Ecke des Beutels knapp abschneiden, sodass ein winziges Loch entsteht. Die herauslaufende Schokolade spiralförmig auf einen Bogen Backpapier spritzen und im Kühlschrank fest werden lassen.

4. Die Himbeeren verlesen und evtl. waschen. Die Sahne schlagen und wenn sie beginnt, steif zu werden, den Vanillezucker einrieseln lassen. Auf die 4 Meringeböden verteilen. Die Kaffee-Meringen auf Teller legen, mit Himbeeren, Schokospiralen und Minzeblättchen garnieren und servieren.

Kaffee-Schoko-*Brownies*

Zutaten für 1 Blech:

75 g Butter
125 g Zucker
2 Tafeln Blockschokolade
1 ½ TL Instant-Kaffeepulver
2 Eier
1 TL Vanilleextrakt
75 g Mehl
1 Prise Salz

Für den Guss:

1 EL Butter
75 g Puderzucker
1 EL Kakaopulver
½ TL Kaffeepulver

Zubereitung:

1. Den Backofen auf 180 °C (Umluft: 160 °C) vorheizen. Im Wasserbad die Butter, den Zucker und die Schokolade schmelzen. Das Kaffeepulver in 2 EL heißem Wasser auflösen und zu der Schokoladen-Mischung geben.

2. Die Mischung abkühlen lassen und mit den Eiern und dem Vanilleextrakt verquirlen. Das Mehl mit dem Salz mischen, dazugeben und alles gut verrühren. Den Teig auf ein eingefettetes Backblech geben und 25–35 Minuten backen.

3. Für den Guss die Butter schmelzen und mit dem Puderzucker und dem Kakaopulver mischen. Das Kaffeepulver in 1 EL heißem Wasser auflösen und dazugeben. Die Brownies damit glasieren, in Stücke schneiden und servieren.

Gefüllte *Espresso*-Cupcakes

Zutaten für 6 Cupcakes:

100 g Zartbitter-Kuvertüre
50 ml Espresso
1 EL Kaffeebohnen
100 g weiche Butter
75 g Zucker
1 EL Vanillearoma
1 Ei
125 g Mehl
¼ TL Backpulver
¼ TL Backnatron

Für den Belag:

1 Packung kakaohaltige Dekor-Creme
50 g weiße Kuvertüre

Zum Garnieren:

einige Schokoladenperlen

Zubereitung:

1. Den Backofen auf 180 °C (Umluft: 160 °C) vorheizen. Ein Muffinblech (6 Mulden) mit Papierförmchen auslegen.

2. 50 g der Zartbitter-Kuvertüre, den Espresso und 50 ml Wasser unter ständigem Rühren erwärmen, bis die Schokolade geschmolzen ist und etwas abkühlen lassen. Die Kaffeebohnen in einem Mörser oder einem Gefrierbeutel zerstoßen.

3. Die Butter, den Zucker und das Vanillearoma schaumig schlagen. Das Ei unterrühren. Das Mehl, das Backpulver und das Backnatron mischen, mit der geschmolzenen Schokolade und Kaffeesplittern unter die Buttermischung rühren und die Hälfte auf die Papierförmchen verteilen.

4. Die übrige Kuvertüre in 6 Stücke schneiden und je 1 Stück in die Mitte der Muffins geben. Den restlichen Teig darauf verteilen und im vorgeheizten Backofen ca. 25–30 Minuten backen. Die Muffins auf einem Kuchengitter auskühlen lassen.

5. Die Muffins mit der Dekor-Creme verzieren. Die weiße Kuvertüre schmelzen, die Dekor-Creme damit garnieren und die Schokoperlen darauf streuen. Die Muffins kurz kalt stellen und servieren.

Mokka-Eis

Zutaten für 1 Liter Eis:
500 ml Milch
250 ml süße Sahne
200 g Zucker
6 Eigelbe
100 g Kaffeebohnen
2 EL Kaffeelikör

Zum Garnieren:
Kaffeebohnen

Zubereitung:

1. Die Milch, die Sahne und den Zucker in einem Topf aufkochen lassen. Den Topf vom Feuer nehmen, die Kaffeebohnen dazugeben und 1–2 Stunden ziehen lassen. Dann alles nochmals erhitzen und anschließend abseihen.

2. In einer Schüssel die Eigelbe verquirlen. Unter stetigem Rühren die noch heiße Milch-Sahne-Mischung unterrühren. Bei mittlerer Hitze und unter stetigem Rühren so lange eindicken, bis die Masse cremig ist. Den Kaffeelikör einrühren und alles miteinander vermischen.

3. Die Masse abkühlen lassen und in eine Eismaschine geben. Sollten Sie keine Eismaschine besitzen, kann man die Masse ebensogut für 2–3 Stunden in einer Metallschüssel in den Gefrierschrank stellen. Damit die cremige Konsistenz entsteht, muss die Masse während dieser Zeit öfter kräftig durchgerührt werden.

4. Das fertige Mokka-Eis in Schälchen füllen oder Kugeln abstechen und mit Kaffeebohnen dekorieren. Sofort servieren! Da das Eis frische Eigelbe enthält, muss es schnell verzehrt werden.

Mokka-Karamell-Creme

Zutaten für 4 Personen:

250 ml süße Sahne
125 ml frisch aufgebrühter Mokka
1 Päckchen Vanillezucker
10 cl Karamellsirup
3 Eier
4 Eigelb
4 EL brauner Zucker

Zum Garnieren:

1 EL feines Instant-Kaffeepulver
4 gedünstete Birnen
Beerensoße
Schlagsahne
Schokoladengitter

Zubereitung:

1. Den Backofen auf 180 °C (Umluft: 160 °C) vorheizen.

2. Die Sahne, den Mokka, den Vanillezucker und den Sirup ca. 2–3 Minuten erhitzen (nicht kochen lassen) und zur Seite stellen.

3. Die Eier und das Eigelb aufschlagen, nach und nach in die warme Mokka-Sahne-Mischung rühren, unterschlagen und ca. 3 Minuten bei mittlerer Hitze unter Rühren erhitzen (nicht kochen lassen).

4. Die Masse in 4 feuerfeste Förmchen geben, in eine mit Wasser gefüllte Form stellen und ca. 35–40 Minuten im Backofen garen. Die Förmchen herausnehmen und ca. 1 Stunde kühl stellen.

5. Die Mokkacreme auf Teller stürzen, mit braunem Zucker bestreuen und unter dem Grill kurz bräunen. Das Instant-Kaffeepulver darüberstreuen.

6. Die Birnen fächerartig aufschneiden, nach Wunsch mit Beerensoße und geschlagener Sahne sowie einem Schokoladengitter garniert servieren.

Kaffee-*Macarons*

Zutaten für 12 Stück:
60 g gemahlene Mandeln
110 g Puderzucker
2 TL Espressopulver
2 Eiweiß
70 g Zucker

Für die Ganache:
100 g Vollmilchschokolade
50 ml süße Sahne
1 EL Whiskylikör

Zum Bestäuben:
Espressopulver

Zubereitung:

1. Die Mandeln, den Puderzucker und das Espressopulver in einer Schüssel vermischen. Die Eiweiße schaumig rühren, nach und nach den Zucker dazugeben und das Eiweiß steif schlagen. Die trockene Mischung vorsichtig unter den Eischnee heben.

2. Den Teig in einen Spritzbeutel füllen und auf ein mit Backpapier ausgelegtes Backblech 24 Macaron-Hälften spritzen. Die Macarons ca. 30 Minuten bei Raumtemperatur trocknen lassen.

3. Die Schokolade klein hacken, die Schlagsahne erhitzen und die gehackte Schokolade dazugeben. Kurz stehen lassen, dann alles miteinander verrühren, den Whiskylikör dazugeben und in den Kühlscrank stellen. Den Backofen auf 130 °C (Umluft: 110 °C) vorheizen.

4. Die Macarons ca. 15 Minuten im Ofen backen, herausnehmen und auskühlen lassen, bevor Sie sie vom Blech nehmen.

5. Die Ganache auf die untere Hälfte der Macarons spritzen, die zweite Macaron-Hälfte daraufsetzen und leicht zusammendrücken. Vor dem Servieren mit Espressopulver bestäuben.

Tagliatelle mit Pilz-Kaffee-Soße

Zutaten für 4 Personen:

150 g frische Champignons
1 Knoblauchzehe
Olivenöl Extra Vergine
1 TL Kaffeepulver
400 g Tagliatelle
frischer Oregano
Salz, Pfeffer

Zubereitung:

1. Die Pilze putzen und in dünne Scheiben schneiden. Den Knoblauch abziehen und zerdrücken.

2. In einer Pfanne etwas Öl erhitzen und darin den Knoblauch schwenken. Die Pilze dazugeben und alles bei geringer Hitze etwas ziehen lassen. Das Kaffeepulver hinzufügen und alles gut durchrühren. Mit Salz und Pfeffer abschmecken und ca. 10 Minuten bei mittlerer Hitze köcheln lassen.

3. Die Tagliatelle in einem großen Topf mit ausreichend Wasser bissfest kochen, dann abschütten und abtropfen lassen.

4. Die Tagliatelle in die Soße geben und alles gut mischen. Mit klein gehackten Oreganoblättchen bestreuen und gleich servieren.

Steak mit Espresso-Soße

Zutaten für 2 Portionen:

1–2 EL Keimöl
2 Rindersteaks
2 EL Espresso
3 EL dunkle Bratensoße
1 TL Rohrzucker
2 EL Orangensaft
Salz, Pfeffer

Zubereitung:

1. Das Öl in einer Pfanne erhitzen und die Rindersteaks darin anbraten. Mit Salz und Pfeffer würzen, herausnehmen und warm stellen.

2. 200 ml Wasser in die Pfanne gießen, den Espresso und die Bratensoße zufügen und kurz aufkochen. Die Soße unter Rühren etwa 1 Minute kochen lassen.

3. Die Soße mit Salz, Pfeffer, Zucker und Orangensaft abschmecken und zum Steak servieren.

> **TIPP:**
> Dazu passen Salzkartoffeln und grüner Spargel.

Hirschkeule mit Nuss-*Kaffee*-Kruste

Zutaten für 6 Personen:

600 g Hirschkeule ohne Knochen
1 l Buttermilch
4 Lorbeerblätter
10 Wacholderbeeren
100 g Schalotten, 2 Knoblauchzehen
1 Karotte, 100 g Sellerie
2 EL Pflanzenfett
1 TL Tomatenmark
150 ml Rotwein
250 ml Hühnerbrühe
1 Nelke
6 Scheiben Frühstücksspeck
Salz, Pfeffer

Für die Nusskruste:

75 g Margarine
1 Eigelb, 2 EL Paniermehl
1 ½ EL gehackte Nüsse
1 TL Kaffeepulver

Für den Rosenkohl:

450 g Rosenkohl, tiefgekühlt
250 ml süße Sahne, etwas Muskat

Zubereitung:

1. Die Hirschkeule kalt abwaschen, trocken tupfen und mit Salz und Pfeffer würzen. Die Buttermilch in eine Schüssel geben, 2 Lorbeerblätter und 5 Wacholderbeeren hinzugeben und die Hirschkeule über Nacht darin einlegen.

2. Die Schalotten, den Knoblauch, die Karotte und den Sellerie schälen. Die Schalotten und den Knoblauch halbieren, die Karotte und den Sellerie in Würfel schneiden.

3. Für die Kruste die Margarine aufschlagen, das Eigelb hinzugeben und alles cremig rühren. Das Paniermehl, die Nüsse und das Kaffeepulver unterheben und die Creme mit Salz und Pfeffer abschmecken. Die Creme auf ein Stück Klarsichtfolie geben, einwickeln, zu einer Rolle formen und ca. 1 Stunde einfrieren.

4. Den Backofen auf 150 °C (Umluft: 130 °C) vorheizen. Die Hirschkeule aus der Buttermilch nehmen, kalt abwaschen und mit Küchenkrepp trocken tupfen.

5. In einem Bräter das Pflanzenfett erhitzen und die Hirschkeule von allen Seiten scharf anbraten. Die Hirschkeule aus dem Bräter nehmen und die Schalotten, den Knoblauch, die Karotte und den Sellerie hineingeben und ebenfalls scharf anbraten. Das Tomatenmark hinzufügen, kurz mitbraten, mit dem Rotwein ablöschen und leicht einkochen lassen. Die Hühnerbrühe dazugießen, die restlichen Lorbeerblätter sowie die Wacholderbeeren und die Nelke hinzugeben und einmal aufkochen.

6. Die Hirschkeule wieder in den Bräter legen, mit dem Speck belegen und im vorgeheizten Backofen 60 Minuten mit Deckel schmoren.

7. In der Zwischenzeit 250 ml Salzwasser in einem Topf aufkochen. Den Rosenkohl hinzugeben einmal aufkochen und zugedeckt ca. 10 Minuten garen. Den Rosenkohl auf einem Sieb abgießen, in den Topf zurückgeben, die Sahne zugießen und alles bei mittlerer Hitze so lange kochen, bis die Sahne leicht bindet. Mit Salz, Pfeffer und Muskat abschmecken.

8. Den Speck vom Braten entfernen und beiseitelegen. Den Braten in Scheiben schneiden und zurück in die Soße geben. Die Nusskruste ebenfalls in Scheiben schneiden, auf den Braten setzen und im Ofen so lange grillen, bis eine goldgelbe Kruste entstanden ist. Den Braten mit Soße und Rosenkohl anrichten.

Kaffee-*Rippchen*

Zutaten für 4 Personen:

1,2 kg Schweinerippchen
2 Eiweiß
3 EL Speisestärke
Rapsöl, Salz

Für die Kaffeesoße:

1 EL Instant-Kaffeepulver
75 ml asiatische Austernsoße
½ TL Cayennepfeffer
2 EL Rohrzucker
1 TL Speisestärke

Zubereitung:

1. Die Rippchen zerteilen, waschen und mit Küchenkrepp trocken tupfen.

2. Die Eiweiße mit dem Salz steif schlagen. Die Rippchen dazugeben, in der Mischung wälzen und im Kühlschrank mindestens 30 Minuten ziehen lassen.

3. Danach die Rippchen mit der Speisestärke einreiben und ca. 15 Minuten ruhen lassen.

4. In einer tiefen Pfanne reichlich Öl erhitzen. Die Rippchen hineingeben und unter gelegentlichem Wenden braun und knusprig braten. Herausnehmen und auf einem Rost mit Backpapier darunter abtropfen lassen.

5. Für die Soße 1 Tasse Wasser mit dem Kaffeepulver zum Kochen bringen und gelegentlich umrühren, bis sich das Kaffeepulver aufgelöst hat. Die Austernsoße und den Chayennepfeffer dazugeben, umrühren, bis alles vermischt ist und ca. 3 Minuten köcheln lassen.

6. Den Zucker dazugeben und ca. 5 Minuten köcheln lassen, bis alles karamellisiert. Die Speisestärke hinzugeben und glatt rühren.

7. Solange köcheln lassen, bis die Soße andickt. Die Rippchen in die Pfanne geben, mit der Soße bedecken und noch heiß servieren.